Les dossiers du BTS

BTS
TERTIAIRES

Yvon LE FIBLEC
Philippe LE BOLLOCH

DROIT
BTS 2e année

Éditions BERTRAND-LACOSTE
20-28, rue Saint-Germain-l'Auxerrois – 75001 PARIS

SOMMAIRE

Thème 4 – L'immatériel dans les relations économiques

Thème 5 – L'entreprise face au risque

ISBN : 978-2-7352-**2503**-3

THÈME 4

L'IMMATÉRIEL DANS LES RELATIONS ÉCONOMIQUES

1 L'OFFRE COMMERCIALE ÉLECTRONIQUE

Magasin de vente Decathlon.

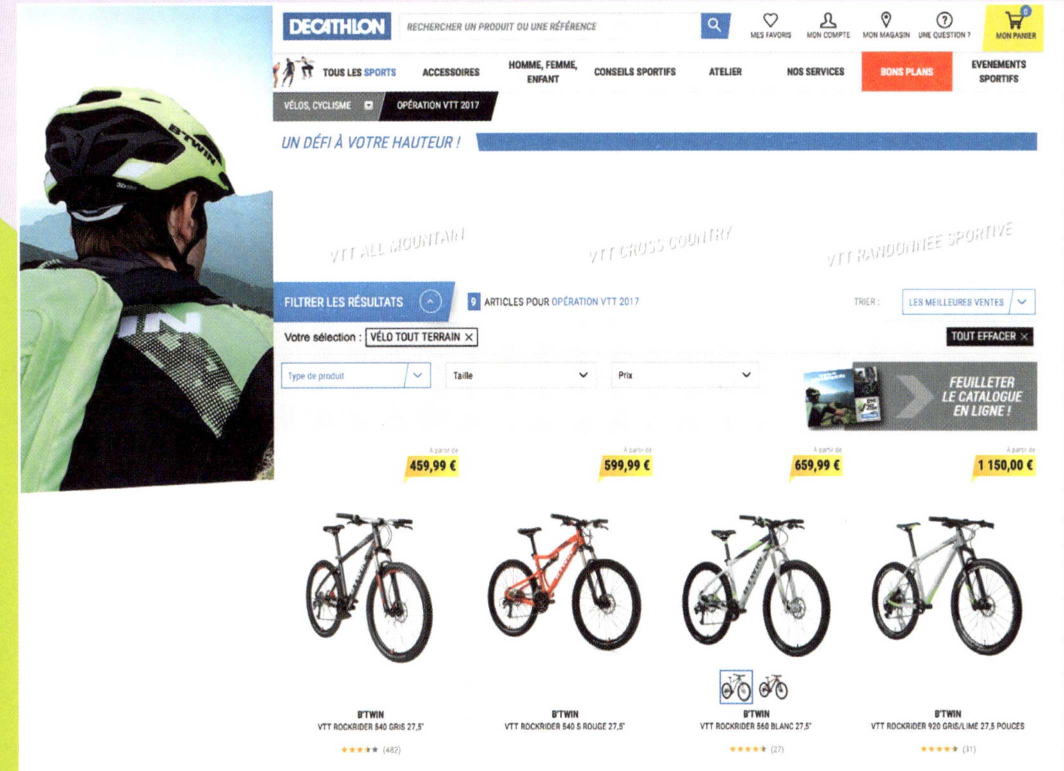

Extrait du site de vente en ligne, www.decathlon.fr.

1. Quelles sont les deux méthodes de vente représentées dans les deux documents ci-dessus ?
2. De ces deux méthodes de vente, quelle est celle qui présente le plus de risques pour le consommateur ? Pourquoi ?

1. L'OFFRE COMMERCIALE ÉLECTRONIQUE ET SES DANGERS

A. Le consommateur électronique (ou cyberconsommateur) et l'offre commerciale électronique

Situation

Emma Dubois est secrétaire de direction dans une grande entreprise du bâtiment et des travaux publics. Disposant de peu de temps libre pour aller faire ses achats en magasin, elle a pris l'habitude d'effectuer de nombreux achats (vêtements, chaussures, parfums...) sur des sites internet.

DOCUMENT 1 : Article liminaire du Code de la consommation

Pour l'application du présent code, on entend par :
- *consommateur* : toute personne physique qui agit à des fins qui n'entrent pas dans le cadre de son activité commerciale, industrielle, artisanale, libérale ou agricole ;
- *non-professionnel* : toute personne morale qui n'agit pas à des fins professionnelles ;
- *professionnel* : toute personne physique ou morale, publique ou privée, qui agit à des fins entrant dans le cadre de son activité commerciale, industrielle, artisanale, libérale ou agricole, y compris lorsqu'elle agit au nom ou pour le compte d'un autre professionnel.

1. La loi protège-t-elle Emma en tant que consommateur ? Pourquoi ?

....

....

....

2. Les personnes juridiques suivantes sont-elles protégées par la loi en tant que consommateur :
- un artisan menuisier, entrepreneur individuel, qui achète un canapé, un ordinateur ?
- une association ?
- une SARL ?

....

....

....

....

....

DOCUMENT 2 : La vente à distance

La vente à distance consiste à vendre un bien ou à fournir une prestation de service à distance au consommateur par catalogue, téléphone, téléachat, publipostage, Internet, SMS, etc. sans la présence physique du professionnel et du consommateur.

DOCUMENT 3 : Le commerce électronique : article 14 de la loi pour la confiance dans l'économie numérique

Le commerce électronique est l'activité économique par laquelle une personne propose ou assure à distance et par voie électronique la fourniture de biens ou de services.
Entrent également dans le champ du commerce électronique les services tels que ceux consistant à fournir des informations en ligne, des communications commerciales et des outils de recherche, d'accès et de récupération de données, d'accès à un réseau de communication ou d'hébergement d'informations, y compris lorsqu'ils ne sont pas rémunérés par ceux qui les reçoivent.

3. Donnez des exemples d'offres commerciales électroniques.

....

....

4. Montrez que l'offre commerciale électronique est une forme de vente à distance.

....

....

5. Pourquoi cette offre commerciale est-elle qualifiée « d'électronique » ?

....

....

B. Les dangers de l'offre commerciale électronique

Situation

Emma Dubois veut acheter un billet d'avion pour se rendre à La Réunion où elle a été invitée par des amis. Pour cela, elle a consulté plusieurs sites de compagnies aériennes et de voyagistes. Certains points constatés la laissent perplexe : quand elle revient sur un site déjà consulté, le prix du billet d'avion a souvent déjà augmenté. Certains sites précisent que chaque bagage en soute fera l'objet d'un supplément de prix, d'autres sites ne mentionnent rien à ce sujet…

DOCUMENT 4 : Qu'est-ce que l'« IP tracking »[1] ?

Quand vous consultez le prix d'un billet de train ou d'avion, le site internet repère votre adresse IP (qui est le numéro d'identification provisoire ou permanent de tout appareil connecté à Internet). Généralement, vous allez ensuite voir d'autres tarifs (sur le même site ou sur d'autres) pour comparer. Or, quand vous revenez sur la page du premier site (ou l'actualisez) le prix du billet a augmenté. Rien de plus rageant. Mais comment se fait-ce ?
– Le site internet du transporteur reconnaît toujours votre adresse IP. Il veut vous faire croire qu'il y a de moins en moins de places disponibles et que donc les prix montent.
– Cela vous incite ainsi à acheter au plus vite, car à chaque nouvelle connexion, le prix risque de s'élever un petit peu plus.
– À vouloir comparer ou patienter, vous allez donc payer plus cher votre billet.

1. *IP tracking* : suivi d'adresse IP.

https://defense-du-consommateur.ooreka.fr, juin 2017.

DOCUMENT 5 : Les traces sur Internet

Votre connexion Internet est loin d'être anonyme. Vous divulguez sans cesse, et à votre insu, des informations personnelles.
En quelques clics, vous pouvez vous rendre sur n'importe quel site, télécharger des fichiers, participer à des forums. Toutes ces activités laissent des traces. En effet, les informations collectées lors de vos connexions à Internet (adresse électronique, centres d'intérêt, sites et pages visités...) servent souvent à alimenter les fichiers clientèle d'entreprises commerciales.
Chaque fois que vous vous rendez sur un site, votre navigateur (Internet Explorer, Chrome, Firefox...) lui communique l'adresse IP (Internet Protocol), l'identifiant de votre connexion au réseau Internet. Ce numéro IP permet de connaître votre fournisseur d'accès, les caractéristiques de votre ordinateur, etc.

www.dossierfamilial.com, 15 mai 2013.

1. Quels sont les problèmes rencontrés par Emma lors de ses recherches sur Internet pour acheter un billet d'avion ?

2. Emma a vu sur le site www.bellesfringues.fr une robe d'été qui lui plaît. Quelles difficultés peut-elle rencontrer si elle se décide à commander cette robe ?

3. Pourquoi la loi doit-elle prévoir des dispositions particulières pour protéger le cyberconsommateur ?

2. LA PROTECTION DU CYBERCONSOMMATEUR : LES OBLIGATIONS DU CYBERVENDEUR

A. L'obligation de respecter la vie privée

Après avoir consulté des sites de compagnies aériennes et de voyagistes pour préparer son voyage à La Réunion, Emma Dubois constate avec agacement qu'elle reçoit sur son écran des offres publicitaires pour des vols vers La Réunion émanant pour la plupart des sites déjà consultés. Elle en reçoit également sur sa boîte mail. En se reconnectant aux sites déjà consultés, elle constate que les renseignements qu'elle avait fournis lors de sa première visite ont été conservés (dates du voyage, aéroport de départ, etc.). Emma aimerait savoir s'il lui est possible d'échapper à ces problèmes qui, pour elle, portent atteinte à sa vie privée.

DOCUMENT 6 : Qu'est-ce qu'un « cookie »[1] ?

La plupart du temps, lorsqu'un serveur Web propose un *cookie*, les utilisateurs ignorent ce terme et cliquent sur « OK » sans se préoccuper de son devenir. Un *cookie* est en réalité un fichier stocké sur le disque dur de l'utilisateur, afin de permettre au serveur Web de le reconnaître d'une page Web à l'autre. Les *cookies* sont notamment utilisés par les sites de commerce électronique afin de conserver les préférences de l'utilisateur (par exemple les options qu'il a cochées) afin de lui éviter de les ressaisir.

1. *Cookie* : en français, traceur.

www.commentcamarche.net, 14 octobre 2008.

DOCUMENT 7 : « Cookies » : que dit la loi ?

En application de la directive européenne dite « paquet télécom », les internautes doivent être informés et donner leur consentement préalablement à l'insertion de traceurs. Ils doivent disposer d'une possibilité de choisir de ne pas être tracés lorsqu'ils visitent un site ou utilisent une application. Les éditeurs ont donc l'obligation de solliciter au préalable le consentement des utilisateurs. Ce consentement est valable treize mois maximum.

En application de la loi informatique et libertés du 6 janvier 1978, modifiée par l'ordonnance du 24 août 2011 qui a transposé en droit français la directive européenne 2009/136/CE, sauf consentement préalable de l'internaute, le dépôt et la lecture de *cookies* ne doivent pas être effectués :

- si l'internaute se rend sur le site (page d'accueil ou directement sur une autre page du site à partir d'un moteur de recherche par exemple) et ne poursuit pas sa navigation : une simple absence d'action ne saurait être en effet assimilée à une manifestation de volonté ;
- s'il clique sur le lien présent dans le bandeau lui permettant de paramétrer les *cookies* et, le cas échéant, refuse le dépôt de *cookies*.

Dans cette étape, en cas de clic sur « En savoir plus/paramétrer les traceurs », les personnes doivent disposer de solutions leur permettant de refuser l'insertion des *cookies*.

www.cnil.fr.

1. Comment s'explique le fait qu'Emma ait reçu ces publicités et ces mails ?

....

....

....

2. Que devra faire Emma pour échapper à l'avenir à ce désagrément ?

....

....

DOCUMENT 8 : L'exigence d'un consentement préalable : le principe de l'« opt-in »[1]

La publicité par courrier électronique est possible à condition que le destinataire ait donné son consentement pour être démarché au moment de la collecte de son adresse électronique, avec deux exceptions :

- la personne prospectée est déjà cliente de l'entreprise et la prospection concerne des biens ou services analogues à ceux déjà fournis par l'entreprise ;
- la prospection n'est pas de nature commerciale : œuvre caritative, par exemple.

Ce consentement peut être donné de n'importe quelle manière écrite ou électronique (case à cocher, bouton de validation...) et n'est valable que dans le contexte décrit, c'est-à-dire que vous ne pourrez pas envoyer de publicités partenaires si un internaute a coché la case « Je souhaite recevoir les offres du site www.bertrand-lacoste.fr », mais n'a pas coché la case « J'accepte de recevoir des propositions des sites partenaires de www.bertrand-lacoste.fr ». Il existe plusieurs types d'*opt-in* : l'*opt-in* actif pour lequel l'inscrit aura activement sélectionné l'option d'inscription et l'*opt-in* passif pour lequel la case d'inscription sera précochée.

1. *Opt-in* : opter pour, par opposition à *opt-out* : opter contre.

En France, l'article L. 34-5 du Code des postes et des communications électroniques dispose que seul l'*opt-in* actif est autorisé pour les envois de messages électroniques (donc les SMS sont concernés au même titre que les mails) à des particuliers ou des personnes physiques.
Le non-respect de l'*opt-in* actif est sanctionné par une amende de 750 € pour chaque message irrégulièrement expédié (article R. 10-1 du Code des postes et des communications électroniques).[2]

2. L'*opt-in* ne vaut que pour les contacts avec des particuliers (B to C : *Business to Consumer*) et non pour les professionnels (B to B : *Business to Business*).

3. Quel est le principe posé par la loi en ce qui concerne l'utilisation des *cookies* ou l'envoi de publicité par mails ou SMS ?

4. Comment s'expliquent les exceptions admises par la loi au principe de l'*opt-in* actif ?

DOCUMENT 9 : Le « spamming »[1]

Le *spamming* est caractérisé par trois éléments : « Un envoi massif » de messages, à de très nombreux destinataires, à l'initiative « d'un expéditeur ».
Il porte atteinte à la vie privée, trompe les consommateurs et provoque des surcoûts pour les entreprises et fournisseurs d'accès.
Il constitue un délit prévu et sanctionné par l'article 226-18 du Code pénal (cinq ans d'emprisonnement et 300 000 € d'amende).

1. Les *spams* sont parfois également appelés en français « pourriels ».

Christiane Féral-Schuhl, *Cyberdroit, le droit à l'épreuve de l'Internet*, Praxis Dalloz.

5. La législation en vigueur vous paraît-elle bien protéger la vie privée des cyberconsommateurs ?

B. L'obligation de respecter l'ordre public

En surfant sur Internet, Emma Dubois a remarqué que de nombreux sites proposent des médicaments à des prix très intéressants par rapport à ceux qu'elle paie chez les pharmaciens de son quartier. Elle ne souhaite cependant pas prendre de risques et voudrait s'assurer que ces médicaments sont bien identiques à ceux qu'elle achète habituellement.

DOCUMENT 10 : La notion d'ordre public

Il s'agit de l'ensemble des règles obligatoires régissant la vie en société et édictées dans l'intérêt général. Il s'agit, par exemple, des règles obligatoires visant à assurer la santé publique, la sécurité publique… L'article 6 du Code civil dispose : « On ne peut déroger, par des conventions particulières, aux règles qui intéressent l'ordre public et les bonnes mœurs ».

DOCUMENT 11 : 62 % de médicaments contrefaits sur le net

Si le e-commerce permet la flexibilité, une distribution simplifiée et une baisse des prix des médicaments, il engendre aussi des risques. Bernard Leroy, président de l'IRACM[1], qui étudie les risques liés à leur contrefaçon, fait le point dans un entretien à « We Demain ».

We Demain : Les pharmaciens sont libres de vendre des médicaments sur Internet depuis janvier 2013. Pourquoi lancer aujourd'hui une campagne de sensibilisation sur les risques liés au e-commerce de médicaments ?

Bernard Leroy : Parce que la situation n'est pas sous contrôle. 62 % des médicaments achetés dans le monde sur Internet sont des contrefaçons !

We Demain : Quels risques présentent ces médicaments contrefaits ?

Bernard Leroy : Les producteurs clandestins fabriquent des médicaments dans lesquels seuls 10 %, et non 100 % des principes actifs sont intégrés. Le fantasme collectif, très répandu, est de s'imaginer qu'il y a de la mort au rat dans ces médicaments. Heureusement, ce n'est pas le cas. Dans les vaccins, on retrouve fréquemment de l'eau non purifiée. Les médicaments frauduleux les plus dangereux sont ceux destinés à traiter les maladies graves comme la malaria, qui survient essentiellement en Afrique subsaharienne. Mais le problème est mondial.

1. IRACM : Institut de recherche anti-contrefaçon des médicaments.

Lara CHARMEIL, www.wedemain.fr, 12 janvier 2016.

DOCUMENT 12 : Vente de médicaments sur Internet en France

Cliquer pour vérifier la légalité de ce site

Sur Internet, évitez les contrefaçons de médicaments. Ne prenez aucun risque pour votre santé.

Depuis le 2 janvier 2013, les pharmaciens établis en France, titulaires d'une pharmacie d'officine ou gérants d'une pharmacie mutualiste ou d'une pharmacie de secours minière, peuvent vendre des médicaments sur Internet.

Cette pratique est encadrée par le Code de la santé publique (articles L. 5125-33 et suivants et R. 5125-70 et suivants du CSP) et par les arrêtés du 28 novembre 2016 relatifs aux bonnes pratiques de dispensation des médicaments et aux règles techniques applicables aux sites internet de commerce électronique de médicaments.

En France, les médicaments qui peuvent être commercialisés en ligne sont les médicaments non soumis à prescription obligatoire, c'est-à-dire qui peuvent être obtenus sans ordonnance.

Il est interdit de vendre par Internet des médicaments soumis à prescription obligatoire, ainsi que l'a rappelé le Conseil d'État dans son arrêt du 17 juillet 2013.

En application du Code de la santé publique, l'Ordre national des pharmaciens tient à jour et met à la disposition du public la liste des sites de vente en ligne de médicaments autorisés par les agences régionales de santé (ARS), à partir des informations transmises par les pharmaciens détenteurs d'une autorisation. Les ARS sont en effet les autorités compétentes pour examiner les demandes d'autorisation et les accorder, et par la suite pour contrôler les sites d'officine autorisés (articles L. 5125-35, R. 5125-71, L. 5424-4 et L. 5472-2).

Depuis le 1er juillet 2015, les sites de vente en ligne autorisés doivent aussi afficher, sur chaque page du site qui a trait au commerce électronique de médicaments, le logo commun à tous les États membres de l'Union européenne (cf. arrêté du ministère de la Santé du 20 avril 2015). En cliquant sur ce logo, vous pourrez vérifier que ledit site internet figure bien sur la liste des sites autorisés pour l'activité de commerce électronique de médicaments (cf. article 85 quater de la directive européenne 2001/83 CE et le règlement d'exécution n° 699/2014 du 25/06/2014 sur le logo commun européen pour la vente de médicaments en ligne).

Par ailleurs, depuis le 1er février 2017, les sites internet de commerce électronique de médicaments sont tenus de respecter les règles techniques définies dans l'arrêté du 28 novembre 2016. À titre d'exemple, le site internet doit :

- mentionner le nom de la personne physique offrant des médicaments,
- comporter un onglet spécifique à la vente de médicaments,
- disposer d'un système d'alerte du pharmacien lorsque les quantités de médicaments commandées conduisent à un dépassement de la dose d'exonération indiquée pour chaque substance active...

www.ordre.pharmacien.fr.

1. Quels risques présente l'achat de médicaments sur Internet ?

....

....

....

2. Quelles précautions doit prendre Emma avant d'acheter sans risques des médicaments sur Internet ?

....

....

....

3. Comment se justifie la réglementation très stricte de la vente de médicaments sur Internet imposée par le Code de la santé publique en France ?

....

....

C. L'obligation de loyauté

Emma Dubois a jusqu'à ce jour fait confiance pour divers achats aux sites internet les plus connus : amazon.fr, vente-privee.com, showroomprive.com, etc. Elle a été stupéfaite de découvrir dans la presse les abus commis par nombre de ces sites...

DOCUMENT 13 : Vente sur Internet : dix-neuf sites épinglés

Les sanctions ont été prononcées à la suite de pratiques de « fausses promotions », plusieurs sites ayant « gonflé artificiellement les prix de référence pour pouvoir afficher des réductions plus alléchantes », afin d'attirer indûment les consommateurs, a expliqué, hier, la secrétaire d'État à la Consommation, Martine Pinville.

Des sites factices

« Les prix de référence annoncés n'ont parfois jamais été pratiqués, certains allant même jusqu'à créer des sites factices », pour prétendre que les produits étaient vendus plus chers ailleurs et « ainsi pouvoir afficher des taux de réductions importants », a détaillé la secrétaire d'État.

À l'issue d'une campagne de contrôles menée entre fin 2015 et courant 2016, la Direction générale de la concurrence, de la consommation et de la répression des fraudes (DGCCRF) a dressé dix-neuf procès-verbaux à l'égard de plusieurs grandes entreprises de commerce en ligne opérant en France. Certains, comme Amazon, Zalando et Comptoir des Cotonniers ont accepté de payer directement des amendes pour éviter de passer en justice. Le montant total des ces sanctions se monte à 1,5 million d'euros, a indiqué la DGCCRF. « Le paiement de l'amende équivaut à la reconnaissance des faits », a rappelé la directrice de la DGCCRF, Nathalie Homobono.

Procédure pénale

D'autres sites – H&M, GrosBill, Darel et Netquattro – en revanche ont refusé de reconnaître les faits et de payer l'amende de 490 000 € qui leur incombe. « Une procédure pénale a donc été engagée à leur encontre et on va revenir vers eux avec un juge pour qu'ils s'acquittent de leurs sanctions et s'assurer qu'ils se mettent en conformité avec la loi », a souligné Nathalie Homobono. D'autres sites sont dans le collimateur de la répression des fraudes. C'est notamment le cas de vente-privee.com et showroomprive.com qui ont fait l'objet de perquisitions à l'été 2016, selon Martine Pinville.

Le Télégramme, 24 février 2017.

DOCUMENT 14 : Article 1104 du Code civil (modifié par l'ordonnance du 10 février 2016)

Les contrats doivent être négociés, formés et exécutés de bonne foi. Cette disposition est d'ordre public.

DOCUMENT 15 : Code de la consommation

Article L. 121-1

Les pratiques commerciales déloyales sont interdites. Une pratique commerciale est déloyale lorsqu'elle est contraire aux exigences de la diligence professionnelle et qu'elle altère ou est susceptible d'altérer de manière substantielle le comportement économique du consommateur normalement informé et raisonnablement attentif et avisé, à l'égard d'un bien ou d'un service. [...]

Constituent, en particulier, des pratiques commerciales déloyales, les pratiques commerciales trompeuses définies aux articles L. 121-2 à L. 121-4 et les pratiques commerciales agressives définies aux articles L. 126-6 et L. 121-7.

Article L. 121-2

Une pratique commerciale est trompeuse si elle est commise dans l'une des circonstances suivantes :

1. Lorsqu'elle crée une confusion avec un autre bien ou service, une marque, un nom commercial ou un autre signe distinctif d'un concurrent ;
2. Lorsqu'elle repose sur des allégations, indications ou présentations fausses ou de nature à induire en erreur et portant sur l'un ou plusieurs des éléments suivants :

a) L'existence, la disponibilité ou la nature du bien ou du service ;

b) Les caractéristiques essentielles du bien ou du service, à savoir : ses qualités substantielles, sa composition, ses accessoires, son origine, sa quantité, son mode et sa date de fabrication, les conditions de son utilisation et son aptitude à l'usage, ses propriétés et les résultats attendus de son utilisation, ainsi que les résultats et les principales caractéristiques des tests et contrôles effectués sur le bien ou le service ;

c) Le prix ou le mode de calcul du prix, le caractère promotionnel du prix et les conditions de vente, de paiement et de livraison du bien ou du service. [...]

1. Quels faits sont reprochés aux sites internet cités dans le document 13 ?

....

....

....

....

2. Ces cybervendeurs n'ont pas respecté l'obligation de bonne foi imposée par l'article L. 1104 du Code civil. Pourquoi ?

....

....

....

3. Une publicité trompeuse répond-elle à l'obligation de loyauté ? Pourquoi ?

....

....

....

4. Proposez une définition de l'obligation de loyauté.

....

....

D. L'obligation de transparence

Situation

Emma Dubois a vu sur le site internet www.kaikoo.fr un manteau qui lui a immédiatement plu. Avant de passer commande, elle a vérifié, grâce au document 16 qu'elle s'est procuré, que ce site lui fournissait bien toutes les informations préalables exigées par la loi. Elle ne souhaite pas rencontrer les mêmes problèmes que récemment où elle a eu de grandes difficultés à régler avec un site, un litige né d'un manque d'informations préalables à la passation de la commande (caractéristiques imprécises du produit, frais de livraison).

DOCUMENT 16 : Les informations précontractuelles à fournir par le cybervendeur

Avant la conclusion d'une vente en ligne sur un site marchand, le commerçant doit vous communiquer certaines informations de manière claire et compréhensible concernant :
- l'entreprise : nom, adresse du siège social, coordonnées téléphoniques... ;
- le bien ou le service (les caractéristiques essentielles du produit) ;
- le coût total du produit ou du service ainsi que les éventuels frais supplémentaires (exemple : frais de livraison) ;
- les modalités de paiement, de livraison ou d'exécution du contrat ;
- l'existence ou l'absence d'un droit de rétractation et les conditions d'exercice ;
- la durée du contrat ;
- l'existence et les conditions d'exercice des garanties applicables.

Loi Consommation du 17 mars 2014

La loi Consommation du 17 mars 2014, dite loi Hamon, a renforcé les obligations d'informations précontractuelles du cybervendeur.

www.lcl.com, 9 janvier 2017.

- Pour quelles raisons les informations précontractuelles fournies par le cybervendeur sur son site internet doivent-elles être complètes, claires et compréhensibles ?

L'OFFRE COMMERCIALE ÉLECTRONIQUE

L'OFFRE COMMERCIALE ÉLECTRONIQUE ET SES DANGERS

↓

LE CONSOMMATEUR

« Toute personne physique qui agit à des fins qui n'entrent pas dans le cadre de son activité commerciale, industrielle, artisanale, libérale ou agricole » (article liminaire du Code de la consommation).

↓

LE COMMERCE ÉLECTRONIQUE

Activité économique par laquelle une personne propose à un consommateur :
– à distance,
– la fourniture de biens ou de services,
– par voie électronique.

↓

LES DANGERS DU COMMERCE ÉLECTRONIQUE

– Exploitation par le cybervendeur de « traces » laissées par le cyberacheteur lors de son passage sur Internet.
– Imprécision des conditions de vente.
– Impossibilité de voir et d'examiner réellement le produit : le client n'a que des photos et les caractéristiques du produit.

→

NÉCESSITÉ DE PROTÉGER LE CYBERCONSOMMATEUR

La loi Consommation du 17 mars 2014 a renforcé les droits du cyberconsommateur.

LA PROTECTION DU CYBERCONSOMMATEUR : LES OBLIGATIONS DU CYBERVENDEUR

OBLIGATION DE RESPECTER LA VIE PRIVÉE

– Réglementation sur les *cookies* et les *spams*.
– Principe du consentement préalable du cyberacheteur : l'*opt-in*.

OBLIGATION DE RESPECTER L'ORDRE PUBLIC

– Obligation de respecter l'ensemble des règles obligatoires régissant la vie en société et édictées dans l'intérêt général.
– Réglementation de la vente des médicaments sur Internet → protection de la santé publique.

OBLIGATION DE LOYAUTÉ

Interdiction des pratiques commerciales déloyales contraires à l'obligation de bonne foi du cybervendeur :
– publicité et autres pratiques commerciales trompeuses,
– clauses abusives.

OBLIGATION DE TRANSPARENCE

L'offre électronique doit comporter des informations obligatoires :
– identification du vendeur,
– caractéristiques du produit,
– coût total du produit,
– frais de livraison,
– modalités de paiement,
– droit de rétractation,
– garanties applicables.

APPLICATION

Objectif BTS

Voir fiches méthodologiques

ANALYSER UNE SITUATION JURIDIQUE

Vous traiterez le dossier ci-dessous à l'aide de vos connaissances et des documents en annexe

En déplacement pour raisons professionnelles à 600 kilomètres de son domicile, Justin Truffaud a commandé sur le site internet www.jet-fleurs.fr vingt-six roses rouges à livrer à son épouse le jour de son vingt-sixième anniversaire. Le site de Jet-Fleurs regroupe un réseau de fleuristes et propose de livrer des fleurs en tout lieu en France.

Son épouse a, aussitôt les fleurs livrées, remercié Justin par SMS et a joint une photo du bouquet de fleurs reçu. Justin constate avec un grand dépit que son épouse a reçu un bouquet d'environ dix-huit fleurs mélangées. Il a donc adressé un mail à Jet-Fleurs pour leur manifester son fort mécontentement. Jet-Fleurs lui a répondu que deux clauses de leurs conditions générales de vente, qu'il pouvait consulter sur Internet, leur permettaient de modifier la composition du bouquet de fleurs à livrer.

Vous indiquerez à Justin Truffaud si les deux clauses invoquées par Jet-Fleurs sont bien conformes à la législation en vigueur.

ANNEXE 1 : Article 1104 du Code civil

Les contrats doivent être négociés, formés et exécutés de bonne foi. Cette disposition est d'ordre public.

ANNEXE 2 : Code de la consommation (extraits)

– **Article L. 212-1**
Dans les contrats conclus entre professionnels et consommateurs, sont abusives les clauses qui ont pour effet de créer, au détriment du consommateur, un déséquilibre significatif entre les droits et obligations des parties au contrat.

– **Article L. 621-8**
Lorsqu'il est saisi en application de l'article L. 621-7, le juge peut ordonner, le cas échéant sous astreinte, la suppression d'une clause illicite ou abusive dans tout contrat ou type de contrat proposé ou destiné au consommateur ou dans tout contrat en cours d'exécution.

ANNEXE 3 : Condamnation pour clauses abusives

Une association de consommateurs demandait au juge de déclarer abusives certaines des clauses apparaissant dans les conditions générales de vente de fleurs de la société Réseau F. Ces conditions figuraient sur son site internet. Le tribunal de grande instance de Grenoble, par son jugement du 4 novembre 2013, a déclaré abusives certaines clauses de ce contrat, en particulier les suivantes :

Clause 3 : « Il pourra donc exister des différences par rapport à la photographie d'illustration, y compris, dans le nombre ou la taille des fleurs, mais le produit livré sera de qualité et de valeur équivalente. En cas de différence substantielle, le client en sera informé et il pourra modifier ou annuler sa commande ».

Cette clause est abusive « en ce qu'elle ne prévoit cette information et cette option du consommateur qu'en cas de différence substantielle dont il apparaît à la lecture de la clause qu'une différence dans le nombre ou la taille, sans aucune précision d'ordre de grandeur, n'est pas considérée comme une modification substantielle ».

Or, il est certain que le nombre – par exemple pour un anniversaire – de fleurs et dans une certaine mesure, la taille – non pas exacte mais d'un certain ordre de grandeur – peuvent parfaitement constituer pour le consommateur une caractéristique substantielle du bien commandé de sorte que le consommateur doit pouvoir être informé de toute modification dans le nombre et dans l'ordre de grandeur de fleurs et produits floraux.

Clause 6 : « Il est rappelé que dans tous les cas, la confection de chaque création florale dépend des saisons, de la personnalité artistique de chaque fleuriste exécutant, des fleurs et végétaux à sa disposition dont le coût peut varier pour le fleuriste selon la période et la localisation (surtout pour les roses et lors des fêtes à fleurs : St-Valentin, Fête des Mères, 1er Mai, Fête des Grand-Mères, Noël, etc.) et du délai entre la passation de commande et la date de livraison choisie. Il pourra exister des différences par rapport à la photographie d'illustration, y compris dans le nombre et la taille des fleurs. En cas de différence substantielle, le client en sera informé et il pourra modifier ou annuler sa commande ».

Cette clause est également abusive.

En conclusion, le tribunal de grande instance de Grenoble a ordonné la suppression par la société Réseau F. des clauses déclarées abusives de son contrat-type, sous astreinte provisoire de 800 € par jour pendant une durée de deux mois et l'a condamnée à verser des dommages-intérêts à l'association de consommateurs.

D'après www.clauses-abusives.fr.

2 LE CONTRAT DE VENTE ÉLECTRONIQUE

Le dynamisme du commerce électronique

Tous les indicateurs montrent qu'acheter sur la Toile devient un geste familier pour les Français. C'est le principal enseignement du bilan 2016 et des prévisions 2017 qu'a établi ce jeudi la Fevad, la fédération professionnelle du secteur.

Noël a été de nouveau un pic pour les Amazon et autres Cdiscount. Pour les fêtes de fin d'année, les ventes ont atteint les 14 milliards d'euros, en hausse de 15 %. De ce fait, l'année se termine pour le secteur par une nouvelle croissance à deux chiffres, de 14,6 %, la barre des 70 milliards de chiffre d'affaires étant dépassée (72 milliards précisément). Et les projections pour 2018 tablent sur le franchissement de la marche des 80 milliards, à 81,7 milliards.

Cela représenterait une hausse de 13 %, moins forte que les années précédentes, qui traduit une forme de banalisation de l'acte d'achat sur la Toile. De fait, les e-acheteurs réalisent désormais en moyenne vingt-huit transactions par an, contre vingt-trois en 2015. Selon une enquête CSA, 58 % des acheteurs en ligne achètent sur le Web au moins une fois par mois. Quelques 19 % des sondés comptent acheter encore plus en ligne en 2017, et notamment 26 % des 25-34 ans. Conséquence logique, le montant moyen d'une transaction diminue, lui, de 7 %, et passe à 70 €. On était à 91 € en 2008.

Philippe Bertrand. *Les Echos*, 27 janvier 2017.

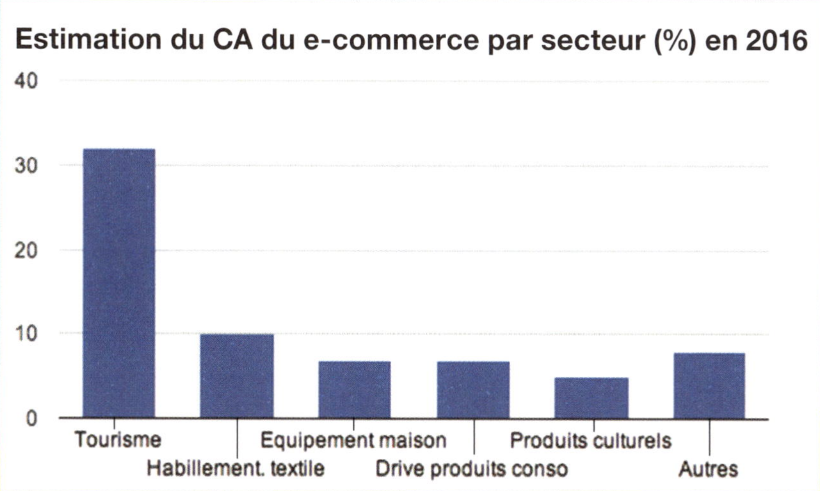

Fevad – *via* ZDNet.fr/chiffres-cles.

1. Comment évolue le commerce électronique en France ?
2. Le commerce électronique représente-t-il une part importante du commerce en France ?

1. LA FORMATION DU CONTRAT DE VENTE ÉLECTRONIQUE

A. Le respect des conditions de validité applicables à tous les contrats

Situation

Benjamin, 14 ans, a commandé, le 1er juillet, sur un site internet une paire de rollers d'une valeur de 39,99 €. Il a réglé en « empruntant » la carte bancaire de sa mère. Il a reçu ses rollers quatre jours plus tard en l'absence de ses parents et ne leur en a rien dit. Son père s'est rendu compte de cet achat en pointant son relevé mensuel de paiement par carte bancaire le 27 juillet suivant et, très mécontent du comportement de son fils, se demande s'il peut faire annuler ce contrat.

DOCUMENT 1 : Le commerce électronique

Article 14 de la loi du 21 juin 2004 pour la confiance dans l'économie numérique

« Le commerce électronique est l'activité économique par laquelle une personne propose ou assure à distance et par voie électronique la fourniture de biens ou de services ».

DOCUMENT 2 : Les conditions générales de validité des contrats

Article 1128 du Code civil (modifié par l'ordonnance du 10 février 2016)

Sont nécessaires à la validité d'un contrat :

1. Le consentement des parties ;
2. Leur capacité de contracter ;
3. Un contenu licite et certain.

DOCUMENT 3 : Achat en ligne par un mineur

Les enfants ont très facilement accès à Internet : ordinateur familial en libre utilisation à la maison, voire leur propre PC, tablette ou téléphone. Autant de moyens pour faire des achats en ligne... sans l'autorisation des parents. Dans ce cas, peut-on faire une demande d'annulation ? Les contrats de vente conclus avec des mineurs sont-ils valables ? Glynnis Makoundou, experte juridique en audit France chez Trusted Shops, leader européen de la certification de boutiques en ligne, répond à toutes ces interrogations.

Vos enfants ont-ils le droit de faire des achats sur Internet ?

Tout d'abord, il est à noter que la législation est la même qu'il s'agisse des achats sur Internet ou dans la vie courante. Le principe est que les mineurs – non émancipés – n'ont pas la capacité juridique de conclure des contrats (article 1146 du Code civil). Ils doivent être représentés par un représentant légal (les parents, dans la plupart des cas). Les ventes conclues par un mineur sans l'accord de ses parents sont frappées de nullité.

Néanmoins, la loi prévoit un assouplissement concernant les actes de la vie courante qui sont jugés comme tels en fonction de l'âge de l'enfant, de la nature et du montant de l'achat. En cas de litige, c'est la jurisprudence qui décide, au cas par cas, si l'acte effectué relève de la vie courante et a été réalisé dans des conditions normales.

Comment annuler un achat en ligne effectué par votre enfant ?

Si vous vous apercevez (dans un délai de quatorze jours) que votre enfant de moins de 18 ans a réalisé un achat sans votre permission, vous pouvez faire usage de votre droit de rétractation légal et renvoyer la marchandise au site marchand (à vos frais dans la plupart des cas).

Dans le cas où le délai serait dépassé, le site internet peut accepter de régler l'affaire à l'amiable. Si celui-ci refuse, une association de consommateurs, voire la justice (en fonction du montant de l'achat) pourra vous apporter son aide. Les juges devront alors définir si le contrat de vente conclu par votre enfant constitue un acte de la vie courante, effectué dans des conditions normales. Si oui, cet achat restera valable. Dans le cas contraire, il sera annulé.

Chloé Dussapt, www.challenges.fr.

1. Complétez la définition suivante : Le contrat de vente électronique est un accord de volontés, conclu ...., par voie .... entre un vendeur qui s'engage à livrer un bien ou à fournir une prestation et un acheteur qui s'engage à payer le prix de ce bien ou de cette prestation.

2. Les conditions générales de validité des contrats sont-elles applicables au contrat de vente électronique ? Pourquoi ?

3. Le contrat passé par Benjamin répond-il aux conditions de validité applicables à tous les contrats ? Pourquoi ?

4. Le père de Benjamin pourra-t-il faire jouer son droit de rétractation ? Pourquoi ?

5. Le père de Benjamin pourra-t-il obtenir du tribunal qu'il prononce la nullité de ce contrat ? Pourquoi ?

B. Les particularités de la formation du contrat de vente électronique

Alban Leclerq, le père de Benjamin, a commandé trois livres sur le site www.fnac.com. Après avoir choisi ses livres, il a cliqué sur VOIR MON PANIER. Il a alors constaté qu'il avait sélectionné deux fois le même livre. Il a modifié son panier de façon à ne commander qu'un exemplaire de chaque livre. En visualisant son panier, il a également pu prendre connaissance des moyens de paiement acceptés, des délais de livraison et des frais d'envoi. Il a alors cliqué sur VALIDER MON PANIER pour confirmer sa commande. Un message est apparu sur l'écran pour lui indiquer qu'il allait recevoir par mail l'accusé de réception de sa commande. En allant sur sa boîte mail, il a en effet pu prendre connaissance de cet accusé de réception.

DOCUMENT 4 : L'exigence du double clic

Pour que la commande soit valablement conclue, vous devez avoir pu, avant de la confirmer, en vérifier le détail, son prix total et corriger d'éventuelles erreurs.
En outre, au plus tard au début du processus de commande, vous devez avoir été informé clairement et lisiblement des moyens de paiement acceptés par le professionnel et des éventuelles restrictions de livraison.
Votre consentement se matérialise par un « double clic » (deux clics de souris) :
– le premier clic permet de valider votre commande,

- le second clic permet de confirmer définitivement votre commande après l'avoir vérifiée et, au besoin, corrigée.
En l'absence de double clic ou d'information sur l'obligation de paiement, la vente est considérée comme nulle.
Une fois votre commande terminée, le vendeur doit en accuser réception par voie électronique, sans délai injustifié, sauf si le contrat a été conclu exclusivement par courrier électronique.
La commande, sa confirmation et l'accusé de réception sont considérés comme reçus lorsque vous et le vendeur pouvez y avoir accès (courriel, page imprimable et consultable sur le site...).

www.service-public.fr.

1. Complétez le schéma ci-dessous en utilisant les expressions suivantes : « Accusé de réception par mail », « 1er clic de validation du panier », « 2d clic de confirmation de la commande ».

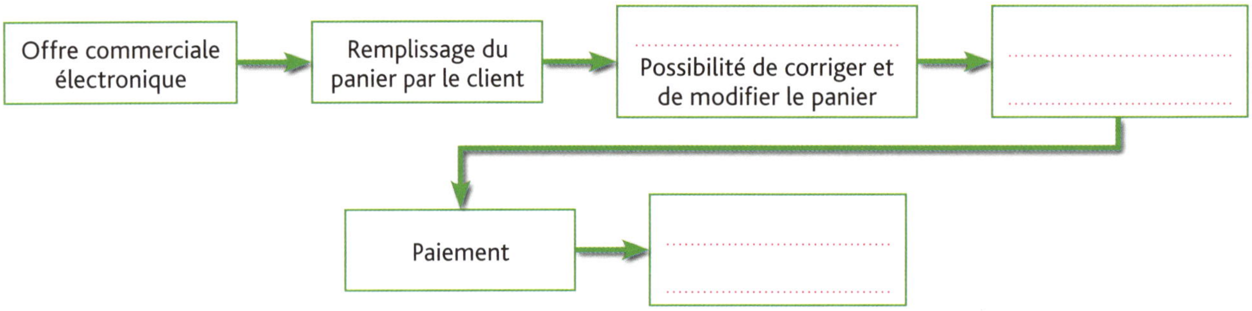

2. La procédure prévue par le document 4 a-t-elle été bien respectée lors de la passation de commande d'Alban Leclerq à www.fnac.com ? Justifiez votre réponse.

....

....

3. Pour quelles raisons le législateur a-t-il, selon vous, imposé cette procédure pour la passation du contrat de vente électronique ?

....

....

....

....

DOCUMENT 5 : La reconnaissance de l'écrit électronique : article 1366 du Code civil

L'écrit électronique a la même force probante que l'écrit sur support papier, sous réserve que puisse être dûment identifiée la personne dont il émane et qu'il soit établi et conservé dans des conditions de nature à en garantir l'intégrité.

DOCUMENT 6 : Signature électronique et preuve du contrat de vente électronique

Même si le législateur a exigé un double clic pour s'assurer du consentement éclairé de celui qui s'oblige, il n'en demeure pas moins au fond qu'un clic aura les mêmes vertus qu'une signature manuscrite. Comme celle-ci, le clic entraînera acceptation des obligations contractuelles et des conditions générales de vente.
Pour se garantir contre toutes contestations en cas de litige, le cybermarchand devra s'aviser que le client a bien pris connaissance, avant d'avoir cliqué, des conditions générales de vente et qu'il les a acceptées. Il est donc d'une part recommandé au commerçant de disposer de conditions générales de ventes finement rédigées et de prévoir d'autre part

un processus d'achat en ligne qui oblige le client à déclarer avoir pris connaissance de ces conditions et les avoir acceptées. Généralement les sites de e-commerce disposent d'un lien hypertexte sur lequel le client doit se rendre afin de cocher une case obligatoire témoignant qu'il consent aux conditions générales de vente.

www.cgv.expert.fr.

4. Comment se manifeste la signature électronique du client dans la formation du contrat de vente électronique ?

5. Pourquoi est-il important pour le vendeur de pouvoir prouver que l'acheteur ne s'est engagé qu'après avoir accepté les conditions générales de vente ?

6. En cas de litige, comment Alban Leclerq pourra-t-il prouver l'existence de ce contrat avec www.fnac.com et son contenu ?

2. L'EXÉCUTION DU CONTRAT DE VENTE ÉLECTRONIQUE

A. Le paiement électronique

En contrôlant son dernier relevé de paiements par carte bancaire, Alban Leclerq s'aperçoit que son compte bancaire au Crédit Mutuel a été débité de 99,99 € pour un achat sur un site internet où il n'a jamais rien commandé. Il a toujours eu sur lui sa carte bancaire qui n'a été ni perdue ni volée. Il a aussitôt signalé ce problème à sa banque.

DOCUMENT 7 : Le paiement sur Internet

Lorsque vous effectuez un paiement sur Internet, le site marchand (ou celui de la banque du commerçant) peut légitimement vous demander :
- le numéro de carte bancaire : seize chiffres répartis en quatre blocs de quatre chiffres, présents en relief sur la face avant de votre carte ;
- la date de validité : en relief sur la face avant de votre carte, après la mention « expire fin » ;
- le cryptogramme : trois derniers chiffres imprimés au dos de votre carte à droite de la zone de signature ;
- le nom et éventuellement le prénom : en relief sur la face avant de votre carte.

Le code secret à quatre chiffres (PIN) qui vous permet d'utiliser les distributeurs de billets, de carburants ou de payer physiquement dans un commerce est absolument inutile pour un paiement sur Internet. Ne le donnez jamais sur un site internet. Il ne vous est demandé que sur les sites frauduleux. Enfin, assurez-vous que les échanges sont bien sécurisés avec le site, sur lequel vous donnez vos identifiants confidentiels. L'adresse doit comporter un « s » derrière *http* et donc être de la forme *https://site* et vous devez voir un petit cadenas sur votre navigateur.

www.credit-agricole.fr.

1. Que doit vérifier un cyberacheteur, comme Alban Leclerq, avant d'effectuer un paiement par carte bancaire sur un site internet ? Quelle est l'utilité de ce contrôle ?

....

....

....

DOCUMENT 8 : La e-carte bancaire

Avec le développement du commerce électronique (ou e-commerce) se mettent en place des moyens de paiement sécurisés qui évitent au consommateur de communiquer au site marchand son numéro de carte bancaire.
Au Crédit Mutuel, par exemple, le client doit utiliser le système Virtualis qui lui permet d'obtenir, pour chaque achat en ligne, un nouveau numéro de carte virtuelle différent de celui de la carte réelle, limité au montant de l'achat et dans le temps avec un cryptogramme virtuel. Au-dessus de 100 €, le client doit également saisir un code qu'il reçoit par SMS sur son téléphone mobile pour pouvoir effectuer son paiement. La banque en ligne Fortuneo utilise également le système Virtualis.
Il existe d'autres systèmes comparables :
- le système e-carte bleue adopté par plusieurs banques : Société Générale, Banque Populaire, LCL, Caisse d'Épargne, La Banque Postale ;
- les systèmes de la Caisse d'Épargne : SP Plus et Id-Tronic, etc.
Les dispositifs de sécurisation des paiements en ligne se multiplient : « Verified by Visa » et « MasterCard SecureCode » proposés par la Société Générale, PayPal, etc.

2. Pour effectuer un paiement en ligne sur Internet, que devra faire Alban Leclerq ? Quelle est l'utilité de ce système ?

....

....

....

DOCUMENT 9 : L'utilisation frauduleuse d'une carte bancaire sur Internet

En cas de détournement de votre carte de paiement, votre responsabilité n'est pas engagée :
- si le paiement contesté a été effectué, à votre insu, en détournant l'instrument de paiement ou les données qui lui sont liées,
- en cas de contrefaçon de la carte si au moment de l'opération contestée vous étiez en possession physique de celle-ci.
Dans tous les cas, vous devez signaler sans délai l'opération non autorisée à votre agence bancaire et au plus tard dans un délai de 13 mois après le débit.
La banque doit rétablir le compte du client « dans l'état où il se serait trouvé si l'opération de paiement non autorisée n'avait pas eu lieu » (article L. 133-18 du Code monétaire et financier), c'est-à-dire :
- rembourser la somme frauduleusement débitée,
- rembourser les frais bancaires éventuellement prélevés (frais d'opposition, agios par exemple).
Il n'est pas nécessaire d'avoir souscrit une assurance spécifique pour bénéficier de cette protection légale. En cas de désaccord, la charge de la preuve appartient à la banque.

D'après www.abe-infoservice.fr.

3. Que doit obtenir Alban Leclerq du Crédit Mutuel en ce qui concerne le prélèvement frauduleux de 99,99 € sur son compte ? Pourquoi ?

....

....

....

4. Pourquoi est-il important que le cyberacheteur soit rassuré sur la sécurité d'utilisation de sa carte bancaire lors de paiements sur Internet ?

....

....

B. La livraison de la commande

Le départ du Tour de France aura lieu le 2 juillet. Grand amateur de cyclisme, Alban Leclerq a décidé de remplacer son vieux poste de télévision dont l'écran est un peu petit à son goût (81 cm) par un téléviseur de plus grande taille. Le 26 juin, il a passé commande sur le site internet Toumédia d'un téléviseur Samsung UE49KU6510HHD 4K doté d'un écran de 123 cm et d'une valeur de 854 €. Avant de confirmer sa commande, il a bien vérifié la date prévue de livraison sur la page de validation de la commande. Sa commande passée le 26 juin doit lui être livrée dans un délai de deux ou trois jours ouvrés, soit au plus tard le 29 juin.

DOCUMENT 10 : Extrait des conditions générales de vente de toumedia.com

Artice 5 – Livraison

5.1 - Généralités

Les produits sont livrés à l'adresse de livraison que vous avez indiquée au cours du processus de commande dans le délai indiqué sur la page de validation de la commande par le client.

Le délai de livraison correspond au délai d'expédition indiqué sur la fiche Article auquel s'ajoute le délai de traitement et d'acheminement.

DOCUMENT 11 : La législation applicable en matière de délais de livraison

Le professionnel doit indiquer, avant la conclusion du contrat, la date ou le délai auquel il s'engage à livrer le bien ou à exécuter la prestation (article L. 111-1, 3° du Code de la consommation). À défaut d'indication, il doit alors exécuter son obligation sous trente jours maximum (article L. 216-1 du Code de la consommation).

Certains sites permettent de suivre votre commande et son expédition en temps réel (« suivi de commande »). À défaut, vous pouvez vous tenir informé de l'acheminement et de la livraison des biens commandés auprès du vendeur. Le numéro de téléphone du service client doit être indiqué dans le contrat (bon de commande, CGV, etc.), et ne peut être surtaxé (article L. 121-16 du Code de la consommation).

Sachez que le professionnel ne peut pas se contenter d'indiquer un délai d'expédition ou une date de livraison indicatifs. La clause prévoyant que la date d'exécution du contrat est indicative est présumée abusive (article R. 212-2, 7° du Code de la consommation), hors les cas où la loi l'autorise (fourniture d'énergie...).

Que faire si la commande n'est pas livrée ?

En l'absence de livraison à la date ou dans le délai convenus, ou à défaut, plus de trente jours après avoir passé votre commande, vous pouvez mettre en demeure le vendeur de vous livrer dans un délai supplémentaire raisonnable.

Si aucune livraison n'est intervenue au terme de ce délai, vous pouvez dénoncer le contrat par lettre recommandée avec avis de réception.

Le vendeur devra alors vous rembourser dans les quatorze jours suivant la date à laquelle il a été informé de votre décision et ne pourra plus exiger que vous preniez livraison de votre commande (article L. 216-2 du Code de la consommation).

www.inc-conso.fr, 20 octobre 2017.

1. À quel moment le professionnel doit-il préciser le délai de livraison ? Pourquoi ?

2. Une semaine après avoir passé sa commande sur le site Toumédia, Alban Leclerq n'a pas reçu son poste de télévision. Que doit-il faire ?

3. Si aucun délai de livraison n'a été prévu lors de la formation du contrat électronique, quel est le délai de livraison applicable ?

4. Pour quelle raison les sites de vente sur Internet prévoient-ils, en général, dans leurs conditions de vente des délais de livraison assez courts ?

DOCUMENT 12 : La livraison de produits non conformes à la commande ou défectueux

Si l'article n'est pas conforme à la commande (erreur sur la référence du produit...), retournez-le immédiatement à l'expéditeur, de préférence dans son emballage d'origine pour les produits technologiques, avec les documents qui l'accompagnent (notice, bon de garantie...)ou refusez-en la livraison. Vous disposez de la garantie de conformité (article L. 217-4 du Code de la consommation) et de l'obligation de délivrance conforme (article 1604 du Code civil). Ces dispositions s'appliquent sans frais pour l'acheteur. Le vendeur doit les prendre à sa charge. Vous pouvez au choix :
- exiger une nouvelle livraison respectant la commande (article 1604 du Code civil) ;
- demander la réparation ou l'échange par un article de même valeur ;
- demander l'annulation de la commande et le remboursement des sommes versées, avec éventuellement une demande de dommages et intérêts en cas de préjudice subi.

www.inc-conso.fr, 20 octobre 2017.

5. Une semaine après avoir envoyé sa lettre recommandée de mise en demeure de livraison dans un délai raisonnable, Alban Leclerq reçoit un téléviseur expédié par Toumédia. Mauvaise surprise ! Après avoir ouvert le carton d'emballage, Alban Leclerq constate qu'il a reçu un téléviseur Samsung avec un écran de 80 cm, référencé UE32J5000 Full HD, d'une valeur de 259,99 €. Que doit-il faire ? Qui supportera les frais ?

6. En conclusion, quelles sont les obligations du cybervendeur en matière de livraison ?

C. Le droit de rétractation

Situation

Le 17 juillet, Alban Leclerq a finalement reçu le téléviseur Samsung, avec un écran de 123 cm, commandé sur le site Toumédia. Mais, dès le premier jour, il est très déçu par la qualité de l'image. Il préférerait acheter un autre modèle qu'il a vu fonctionner dans une grande surface spécialisée près de chez lui. Il a également été très déçu par un jeu vidéo commandé sur un autre site internet et reçu le même jour que le téléviseur. Alban a évidemment, dès qu'il l'a reçu, défait l'emballage du CD de ce jeu vidéo pour pouvoir l'essayer. Il souhaiterait l'échanger ou le renvoyer et se faire rembourser. Le 17 juillet, il a également réservé une semaine dans un village de vacances en Corse pour lui et sa famille du 3 au 10 août. En rentrant du travail, le 19 juillet, son épouse lui apprend qu'elle ne pourra pas avoir de congés pendant cette période.

DOCUMENT 13 : Le droit de rétractation : modalités d'exercice et limites

Principe

Si vous achetez un bien ou un service à distance, vous avez le droit de changer d'avis sur votre achat. C'est le droit de rétractation. Le vendeur doit vous informer de l'existence ou de l'absence de ce droit avant la conclusion de votre commande.

Contrats exclus

Le droit de rétractation ne s'applique pas aux achats suivants :

- biens confectionnés à votre demande ou nettement personnalisés (meubles ou vêtements confectionnés sur mesure, par exemple), [...]
- biens détériorables ou périssables rapidement, sauf produits alimentaires avec une date de durabilité minimale (DDM) éloignée,
- biens que vous avez ouverts et non retournables pour des raisons d'hygiène ou de protection de la santé (exemples : cosmétiques operculés, sous-vêtements vendus en sachets fermés), [...]
- CD, DVD ou logiciels informatiques que vous avez ouverts,
- travaux urgents d'entretien ou de réparation réalisés à votre domicile et à votre demande, dans la limite des pièces de rechange et travaux nécessaires pour la stricte réparation, [...]
- services d'hébergement (hôtel, camping...), de transport (personnes, biens, déménagement), de location de voitures, de restauration ou d'activités de loisirs fournies à une date ou selon une périodicité déterminée (billet de spectacle...). [...]

Calcul du délai de rétractation

Vous disposez d'un délai de quatorze jours minimum pour changer d'avis sur votre achat à distance. Le même délai s'applique pour un démarchage par téléphone.

Vous pouvez exercer votre droit de rétractation à compter :

- de la conclusion du contrat pour les prestations de service, la fourniture d'un contenu numérique hors support matériel, la fourniture d'eau, de gaz, d'électricité ou de chauffage urbain,
- de leur réception pour les biens. [...]

Exercice du droit de rétractation

Avant l'expiration du délai de rétractation, vous devez adresser au vendeur :

- le formulaire type de rétractation obligatoirement fourni avec le contrat,
- ou un autre écrit exprimant votre volonté de vous rétracter. [...]

Vous n'avez pas à motiver ou justifier votre décision. [...] Vous devez retourner les biens au vendeur au plus tard dans les quatorze jours suivant l'envoi de votre rétractation. Vous devez payer les coûts directs de renvoi. [...]

Le vendeur doit vous rembourser la totalité des sommes que vous avez versées, frais de livraison inclus. [...]

www.service-public.fr, 24 janvier 2017.

1. Définissez le droit de rétractation.

2. À quelles conditions un cyberconsommateur peut-il se rétracter ?

3. Alban Leclerq pourra-t-il exercer son droit de rétractation pour les différents contrats qu'il a passés ?

4. Pour le retour du téléviseur au cybervendeur, qui devrait supporter les frais ?

5. Pourquoi le législateur a-t-il, selon vous, institué un droit de rétractation pour de nombreux contrats passés par un cyberacheteur ?

3. LA LOI APPLICABLE AUX TRANSACTIONS COMMUNAUTAIRES

Passionné de musique, Alban Leclerq a vu, sur la version française d'un site de vente en ligne espagnol, la guitare électrique Fender, dont il rêve, à un prix très compétitif, livrable sans frais de port en France. Il hésite à l'acheter car il se demande, en cas de litige, quelle sera la loi applicable pour les ventes livrées en France par ce site espagnol qui a son siège social à Madrid.

DOCUMENT 14 : La loi applicable aux contrats de vente électroniques intracommunautaires

La détermination de la loi applicable aux contrats de vente électroniques intracommunautaires résulte du règlement européen du 17 juin 2008 sur la loi applicable aux obligations contractuelles :

- *si le site internet vise explicitement le marché français*, c'est-à-dire exerce son activité professionnelle en France ou dispose d'une interface en français ou a démarché une clientèle française, c'est la loi française qui s'applique,
- *si le site internet ne vise pas explicitement le marché français*, c'est la loi du pays dans lequel le cybervendeur a sa résidence habituelle qui s'applique.

Mais les parties restent néanmoins libres de choisir la loi qu'elles souhaitent. Les professionnels peuvent ainsi continuer à imposer leurs conditions générales de vente ou leurs contrats-types, sous réserve de ne pas priver le consommateur des dispositions protectrices impératives applicables dans le pays où ce dernier a sa résidence habituelle (délai de rétractation de quatorze jours, par exemple).

- Indiquez à Alban Leclerq quelle sera normalement la loi applicable en cas de litige, s'il achète la guitare électrique Fender sur le site de vente en ligne espagnol. Pour quelles raisons ?

L'ESSENTIEL EN SCHÉMA

LE CONTRAT DE VENTE ÉLECTRONIQUE

LA FORMATION DU CONTRAT DE VENTE ÉLECTRONIQUE

RESPECT DES CONDITIONS DE VALIDITÉ APPLICABLES À TOUS LES CONTRATS :

– consentement des parties,
– capacité de contracter,
– contenu licite et certain.

PARTICULARITÉS DE LA FORMATION DU CONTRAT DE VENTE ÉLECTRONIQUE :

– exigence d'un double clic,
– courriel de confirmation de commande,
– acceptation claire par le client des conditions générales de vente du cybervendeur.

L'EXÉCUTION DU CONTRAT DE VENTE ÉLECTRONIQUE

LE PAIEMENT ÉLECTRONIQUE

– le paiement doit être sécurisé sur le site du vendeur (https + petit cadenas),
– utiliser de préférence un paiement par e-carte électronique,
– en cas de détournement d'une carte de paiement, la responsabilité du titulaire n'est pas engagée : la banque doit rétablir le compte du client « dans l'état où il se serait trouvé si l'opération non autorisée n'avait pas eu lieu » (article L. 133-18 du Code monétaire et financier).

LA LIVRAISON DE LA COMMANDE

Le cybervendeur doit livrer un bien conforme à la commande dans les délais convenus et, au plus tard, dans un délai de trente jours.

LE DROIT DE RÉTRACTATION

Sauf pour certains achats, le cyberacheteur bénéficie d'un délai de rétractation de quatorze jours à partir :
– de la conclusion du contrat pour les ventes de services,
– de la livraison pour les ventes de biens.

LA LOI APPLICABLE AUX TRANSACTIONS COMMUNAUTAIRES

Si le site internet vise explicitement le marché français :
➜ Application de la loi française.

Si le site internet ne vise pas explicitement le marché français :
➜ Application de la loi du pays où le cybervendeur a sa résidence habituelle.

Les parties restent cependant libres de choisir la loi qu'elles souhaitent (conditions générales de vente du vendeur...) sous réserve de ne pas priver le consommateur des dispositions protectrices impératives applicables dans son pays de résidence habituelle.

APPLICATION

Objectif BTS

Voir fiches méthodologiques

RÉDIGER UNE NOTE

Vous traiterez le dossier ci-dessous à l'aide de vos connaissances et des documents en annexe

La SA Algues et Beauté fabrique et commercialise des produits cosmétiques à base d'algues marines. Les produits sont conditionnés dans des pots en plastique ou en terre cuite operculés et commercialisés sur le site internet de l'entreprise.

Algues et Beauté vient d'adhérer à la Fédération du e-commerce et de la vente à distance (Fevad). L'entreprise a lu attentivement le Code déontologique du e-commerce et de la vente à distance que doivent respecter les adhérents de la Fevad.

Vous êtes assistant(e) de direction auprès de Rozenn Cloarec, directrice générale d'Algues et Beauté. Elle s'interroge sur les principales obligations légales ou résultant du Code déontologique de la Fevad que doit respecter Algues et Beauté lors de ses ventes sur Internet.

Dans une note structurée, vous exposerez les obligations d'Algues et Beauté en ce qui concerne, d'une part, les modalités de l'offre commerciale sur Internet et, d'autre part, l'exécution du contrat conclu sur Internet.

ANNEXE 1 : La Fevad et les principes généraux de la vente à distance

La Fédération du e-commerce et de la vente à distance (Fevad), créée en 1957, rassemble plus de 600 entreprises adhérentes et plus de 800 sites internet. Elle est l'organisation représentative du secteur de la vente à distance. Elle a, notamment, pour mission de recueillir et diffuser l'information permettant l'amélioration de la connaissance du secteur et d'agir en faveur du développement durable et éthique du commerce électronique en France.

Avec la volonté de respecter le client, les entreprises adhérentes de la Fevad, dont l'activité est tournée vers les consommateurs, ont adopté des règles d'autodiscipline, dans le respect des règles législatives et réglementaires en vigueur.

L'objectif de la vente à distance ne diffère pas des autres formes de distribution, à savoir la rencontre des offres proposées par le vendeur et des besoins du consommateur.

Ce mode de distribution se caractérise principalement par :
- une offre accessible à distance au client (offre adressée ou non) par différents supports tels que : catalogues, courrier postal ou électronique, annonces presse, site internet, terminaux mobiles, téléphone, réseaux hertziens et câblés, etc. ;
- un vendeur et son client qui ne sont pas en présence « physique » l'un de l'autre ;
- la passation de la commande qui a lieu à distance, *via* un média de communication à distance comme : courrier, téléphone, mobile, Internet.

Code déontologique de la Fevad.

ANNEXE 2 : L'offre proposée au consommateur

1.1 La présentation générale de l'offre

Les offres de vente par lesquelles les entreprises adhérentes présentent leurs produits ou services constituent leur vitrine et leur moyen de commercialisation.

Toute offre de vente doit respecter dans sa présentation les dispositions légales et réglementaires, et entre autres celles qui protègent les mineurs et celles qui interdisent toute publicité contenant des allégations, indications ou présentations fausses ou de nature à induire en erreur. [...]

1.1.1 Toute entreprise adhérente dispose de conditions de vente facilement accessibles, qu'elle fournit au consommateur, de manière lisible et compréhensible ou qu'elle met à disposition par tout moyen adapté à la technique de communication à distance utilisée.

1.1.2 Avant de passer commande, le client a accès, sur un même support ou sur un support distinct, de manière lisible et compréhensible :
- à l'adresse du siège social, et l'adresse du siège commercial si elle est différente ;
- à une adresse électronique ;
- à un numéro de téléphone permettant d'entrer effectivement en contact avec l'entreprise adhérente ;
- aux caractéristiques essentielles du bien ou du service ;
- au prix toutes taxes comprises, et le cas échéant le montant des éco-participations ;
- aux différents moyens de paiement acceptés ;
- aux frais de livraison et, le cas échéant, au coût du renvoi du bien par la Poste, qui ne peut être pris en charge, en cas de rétractation ;
- aux informations relatives à la rétractation et au formulaire de rétractation ;
- aux informations relatives aux garanties prévues par la loi et, si elles existent, en matière de garanties commerciales ;
- aux conditions de validité de l'offre ;
- au coût d'utilisation de la technique de communication à distance ;
- à l'existence du Code de déontologie et chartes de la Fevad, au service de médiation du e-commerce. [...]

1.1.3 Les conditions de commandes ne doivent laisser place à aucune équivoque quant aux engagements souscrits quel que soit leur mode de transmission (bon de commande, téléphone, Internet, terminaux mobiles...).

1.1.4 Les entreprises adhérentes s'engagent à délivrer une information claire quant aux frais d'envoi et tout autre frais supplémentaire, qui seront à la charge du client. [...]

1.2 La présentation de l'offre sur la fiche du produit ou du service

1.2.2 Le produit ou service doit être décrit de manière aussi précise que possible, de manière claire et compréhensible, dans tous ses éléments tant qualitatifs que quantitatifs afin d'en préciser les caractéristiques essentielles.
En particulier les entreprises adhérentes doivent veiller à ce que les photographies et dessins reproduisent fidèlement le produit ou service offert, et ne comportent pas d'ambiguïtés sur les notions notamment de dimension, de poids et de qualité. [...]

1.3 La date ou le délai de livraison

Chaque entreprise adhérente doit indiquer au client une date ou un délai de livraison avant la conclusion du contrat. Elle s'engage à livrer le bien ou à exécuter la prestation de service selon les modalités adaptées et précisées à chaque type de produits ou services, sans retard injustifié et au plus tard trente jours après la conclusion du contrat, sauf s'il en a été expressément convenu autrement avec le client. Cette date ou ce délai comprend tant le délai de traitement par l'entreprise adhérente que celui du transporteur. [...]
Dès lors qu'il apparaît que la livraison ne peut être effectuée dans le délai annoncé, l'entreprise adhérente doit informer le client qui pourra annuler et/ou se faire rembourser.[...]

1.4 La promotion des ventes

Les entreprises adhérentes de vente à distance veillent à ce que ces pratiques soient loyales et conformes aux exigences de la diligence professionnelle et n'altèrent pas ou ne soient pas susceptibles d'altérer de manière substantielle le comportement économique du destinataire, à savoir le consommateur moyen normalement avisé et attentif.

Code déontologique de la Fevad.

ANNEXE 3 : L'exécution de la commande

2.1 Les modalités de paiement des commandes

Les entreprises adhérentes précisent, notamment dans leurs conditions générales de vente, les modalités de paiement.

Elles s'engagent à proposer plus d'une modalité de paiement. Elles indiquent, au plus tard au début du processus de commande, les moyens de paiement acceptés.

L'attention des entreprises adhérentes est portée plus particulièrement sur les moyens de paiement suivants.

2.1.1 Cartes de paiement et paiement électronique

Les entreprises adhérentes veillent à mettre en place des procédures de sécurité. Elles prennent toutes dispositions nécessaires pour que le caractère confidentiel des numéros soit préservé.

2.1.2 Paiement à crédit

En cas de vente à crédit, l'offre de crédit doit respecter les dispositions légales et réglementaires en vigueur. [...]

2.4 Les stocks

Les entreprises adhérentes disposent d'un stock en rapport avec leurs prévisions pour répondre à la demande du client ou prendre en considération la proposition faite au client.

Les entreprises adhérentes informent les clients, par tout moyen à leur convenance, des éventuelles ruptures de stocks affectant leur commande. [...]

Lorsqu'un produit n'est pas disponible, il est possible de proposer un article de substitution, dont les caractéristiques et le prix sont au minimum équivalents à ceux du produit commandé.

2.5 Le droit de changer d'avis pour le consommateur

2.5.1 Le droit de rétractation

Les entreprises adhérentes respectent l'exercice du droit de rétractation dans le délai légal de quatorze jours. Le consommateur dispose de quatorze jours pour notifier à l'entreprise son souhait de se rétracter à compter de la réception des produits et il a quatorze jours, à compter de cette notification, pour retourner les produits dans leur emballage ou un emballage adapté.

Pour les commandes portant sur plusieurs biens dont la livraison est échelonnée, le délai court à compter du dernier bien reçu.

Pour les services, ce délai de quatorze jours court à compter du jour de la commande.

Le consommateur peut exercer son droit de rétractation sans avoir à le motiver.

Conformément aux dispositions légales en vigueur, cette disposition ne s'applique pas :

- pour les services dont l'exécution a commencé, avec l'accord du consommateur, avant la fin du délai de quatorze jours francs ;
- pour les produits immédiatement reproductibles descellés (supports d'enregistrement audio ou vidéo ou logiciels informatiques) ;
- pour les produits nettement personnalisés ;
- pour les produits périssables ;
- pour les journaux, périodiques ou magazines ;
- pour les paris ou loteries autorisés ;
- pour les biens ou les services dont le prix dépend de la fluctuation des taux du marché financier ;
- pour les biens descellés après la livraison et qui ne peuvent être renvoyés pour des raisons d'hygiène ou de protection de la santé.

Le client qui retourne son produit selon les modalités spécifiées dans les conditions générales de vente, est remboursé. Les entreprises adhérentes peuvent également proposer au client l'échange de son produit.

L'entreprise adhérente communique au consommateur un formulaire de rétractation. Le consommateur est libre d'utiliser ou non ce formulaire pour se rétracter.

2.6 Les garanties et le SAV

Les entreprises adhérentes font mention, dans leurs conditions générales de vente ou sur tout support facilement accessible, de l'existence des garanties légales (garantie des vices cachés et garantie de conformité) dans les conditions et formes prescrites par la réglementation en vigueur, même lorsqu'elles proposent une garantie commerciale supplémentaire.

L'entreprise adhérente doit préciser dans la garantie légale, et dans ses propres garanties commerciales, si elle propose de telles garanties en sa qualité de distributeur :

- sa durée,
- son objet,
- ses conditions,
- son étendue territoriale,
- ses modalités de solution (la réparation, l'échange ou le remboursement total).

Les entreprises adhérentes précisent les modalités du service après-vente qu'elles proposent et les conditions de retour éventuel des articles dans leurs conditions générales de vente ou tout support facilement accessible.

Le client doit pouvoir prendre contact avec l'entreprise adhérente pour faire valoir la garantie légale.

L'entreprise adhérente met à disposition du consommateur un numéro de téléphone non surtaxé (sans surcoût supplémentaire que le coût d'appel) pour prendre contact avec le service après-vente.

Code déontologique de la Fevad.

3 DROITS D'AUTEUR ET UNIVERS NUMÉRIQUE

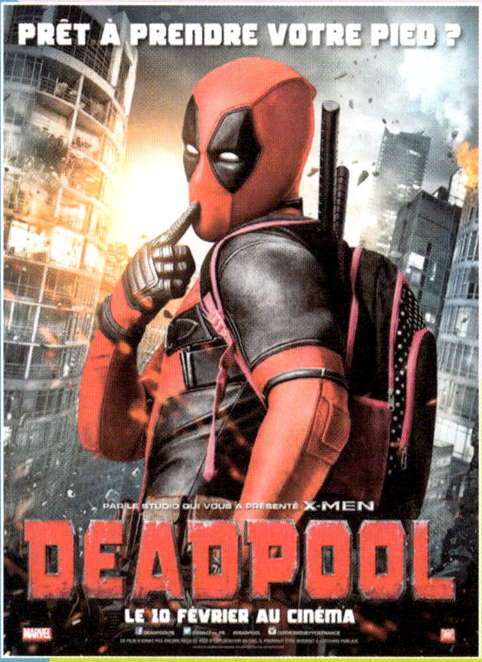

Palmarès maudit

Comme tous les ans, le site TorrentFreak a dévoilé son top 10 des films les plus piratés en 2016. Encore une fois, les blockbusters incontournables et les super-héros figurent en bonne place.

Si les salles obscures hexagonales n'ont pas désempli l'année dernière, en atteignant leur deuxième meilleur niveau depuis près de cinquante ans, les sites de téléchargement illégal ne sont pas en reste. Comme chaque année, le site TorrentFreak a dévoilé son classement des films les plus piratés au cours de l'année qui vient de s'achever (hors *streaming* ou téléchargement direct). Du côté des longs-métrages, sans grande surprise, l'univers des comics et des super-héros domine ce top 10, avec en trio de tête : « Deadpool », « Batman v Superman : L'Aube de la justice » et « Captain America : Civil War ».

www.lci.fr, 3 janvier 2017.

1. Pour quelles raisons peut-on dire que le téléchargement illégal « tue les artistes » ?
2. Ces pratiques sont-elles faciles à réprimer ? Pourquoi ?

1. LES DROITS D'AUTEUR

A. Les œuvres protégées

Brigitte Hass a développé depuis trois ans sa propre entreprise de création de bijoux fantaisie. Elle a déjà réalisé une centaine de modèles qu'elle présente sur son site internet.
Le soir, elle se produit comme chanteuse dans des bars du quartier et chante des tubes des années 90 ainsi que trois de ses compositions qui commencent à rencontrer un succès certain auprès du public.

DOCUMENT 1 : Originalité

Pour être protégeable, une œuvre doit être originale. Cette notion se définit, selon la jurisprudence, comme l'empreinte de la personnalité de l'auteur. En cas de litige, c'est le juge judiciaire qui apprécie le caractère original d'une œuvre. Lors d'un procès en contrefaçon (un auteur accusant un autre de plagiat) le juge procède à une comparaison entre les éléments banals de l'œuvre qui peuvent être reproduits et les éléments originaux qui font l'objet d'une protection.
L'originalité ne doit pas être confondue avec la qualité esthétique de l'œuvre. Cette dernière n'entre pas en ligne de compte pour la protection. L'article L. 112-1 du Code de la propriété intellectuelle (CPI) dispose en effet « les dispositions du présent code protègent les droits des auteurs sur toutes les œuvres de l'esprit, quels qu'en soient le genre, la forme d'expression, le mérite ou la destination ».
Une notice technique, une affiche publicitaire bénéficieront de la même protection qu'un roman ou une toile de maître.

DOCUMENT 2 : La matérialisation

Pour être protégée, une idée doit avoir été concrétisée, mise en forme ; les idées ne sont pas appropriables, elles sont selon l'expression consacrée « de libre parcours ».
Par exemple, en matière cinématographique, le thème d'un film n'est pas en soi protégeable, au contraire de son traitement.

DOCUMENT 3 : L'absence de formalités

Selon l'article L. 111-1 du CPI « l'auteur d'une œuvre de l'esprit jouit sur cette œuvre, du seul fait de sa création, d'un droit de propriété incorporelle exclusif et opposable à tous ».
Cela signifie qu'en droit français le droit d'auteur est accordé sans que les intéressés aient à effectuer la moindre formalité. Aucun dépôt n'est requis auprès d'une administration, comme en matière de propriété industrielle où un dépôt doit être effectué auprès de l'INPI (Institut National de Propriété Industrielle).
Même s'il n'y a pas de dépôt « officiel » à effectuer pour assurer la protection de l'œuvre, l'auteur aura souvent intérêt à effectuer certaines formalités afin de se constituer une preuve en cas de contentieux.
L'auteur pourra ainsi déposer son œuvre :
- chez un huissier ou notaire ;
- sous enveloppe Soleau à l'INPI. Il s'agit d'une enveloppe à deux compartiments, l'un pour le déposant, l'autre pour l'INPI. Le déposant introduit dans chaque compartiment les documents qu'il souhaite protéger en deux exemplaires identiques. En cas de litige, l'enveloppe pourra être ouverte ;
- auprès d'une société de gestion collective des droits. Exemple : SACEM (Société des Auteurs, Compositeurs et Éditeurs de Musique) pour la musique ;

sacem – La musique, toute la musique

- il a aussi la possibilité de s'envoyer à lui-même l'œuvre sous pli fermé et avec accusé de réception, sans ouvrir l'enveloppe. En cas de litige, le cachet de la poste fera foi.

DOCUMENT 4 : Panorama des œuvres protégées

L'article L. 112-2 du Code de la propriété intellectuelle (CPI) contient une énumération non exhaustive des types de créations considérées comme œuvres de l'esprit.
On y trouve principalement :
- les œuvres littéraires écrites « livres, brochures et autres écrits littéraires, artistiques, et scientifiques », mais également orales « conférences, allocutions, sermons, plaidoiries et autres œuvres de même nature » ;
- les œuvres théâtrales, chorégraphiques, les numéros et tours de cirque ;
- les compositions musicales ;
- « les œuvres cinématographiques et autres œuvres consistant dans des séquences animées d'images, sonorisées ou non, dénommées ensemble œuvres audiovisuelles » ;
- les œuvres graphiques et plastiques : photographies, illustrations, cartes géographiques, les œuvres architecturales ;
- les logiciels.

Il faut ajouter aujourd'hui à cette liste de l'article L. 112-2 les sites internet.
La qualité d'auteur est attribuée à la (ou aux) personne(s) qui ont créé l'œuvre.

1. À quelle(s) condition(s) les modèles de bijoux créés par Brigitte Hass bénéficient-ils de la protection par le droit d'auteur ?

....

2. Quelle précaution pourrait prendre Brigitte Hass pour éviter des litiges portant sur l'imitation de ses bijoux ?

....

3. Quelle précaution doit prendre Brigitte Hass lorsqu'elle interprète des tubes des années 90 dans des bars ?

....

4. Quelle démarche lui conseillez-vous pour protéger les chansons qu'elle a composées ?

....

5. Brigitte Hass a eu l'idée d'une chanson. Elle l'a fredonnée devant un groupe d'amis. Quelque temps plus tard, elle constate que cette idée a été reprise et enregistrée par un artiste connu. Que peut-elle faire ?

....

B. Le contenu de la protection

Brigitte Hass, parallèlement à son activité de créatrice de bijoux, se consacre de plus en plus à la chanson. Son premier CD vient de sortir avec dix de ses compositions.

DOCUMENT 5 : Le droit moral

L'œuvre est le reflet de la personnalité de l'auteur : ce lien très fort qui existe entre l'auteur et sa création est donc protégé par le droit moral.
Le droit moral [...] comporte les prérogatives suivantes :
- *Le droit de divulgation.* Seul l'auteur a le droit de divulguer son œuvre. Il a le pouvoir de décider de rendre son œuvre publique ou non, ainsi que du moment et des modalités de la première communication de son œuvre.
- *Le droit de paternité.* Il permet à l'auteur d'apposer son nom sur son œuvre ou s'il le souhaite, de rester anonyme ou encore d'utiliser un pseudonyme.
- *Le droit au respect de l'intégrité de l'œuvre.* L'auteur peut s'opposer à toute modification, suppression ou ajout susceptible de modifier son œuvre initiale, tant dans la forme que dans le fond. Seul l'auteur peut en décider !
- *Le droit de retrait et de repentir.* En contrepartie de l'indemnisation de celui auquel l'exploitation de l'œuvre a été cédée, l'auteur peut décider d'apporter des modifications à l'œuvre (droit de repentir) ou d'en faire cesser la diffusion (droit de retrait), à tout moment et sans avoir à justifier son choix.

Le droit moral est :
- *Un droit perpétuel.* Cela signifie que le droit moral demeure après le décès de l'auteur [...].
- *Un droit inaliénable.* Cela signifie qu'aucune clause de renonciation ne peut figurer dans un contrat sous peine de nullité, c'est-à-dire que l'auteur ne peut renoncer à son droit moral ni en céder l'exercice à un tiers.
- *Un droit imprescriptible.* Cela signifie qu'il ne s'éteint pas avec le temps : tant que l'œuvre existe, et qu'elle soit exploitée ou non, l'auteur et ses ayants droit (ses héritiers) peuvent exercer leur droit moral.

www.sacd.fr.

1. Brigitte Hass a constaté que Victor l'a filmée lorsqu'elle chantait dans le bar et a mis cette vidéo sur sa page Facebook. Contacté, Victor estime être dans son droit car Brigitte était dans un lieu public. De plus, souligne-t-il, ces faits se sont produits il y a plus d'un an. Qu'en pensez-vous ?

....

....

....

2. Victor a également mis en ligne les paroles des chansons de Brigitte mais n'a pas hésité à modifier quelques mots. À quel élément du droit moral a-t-il porté atteinte ?

....

DOCUMENT 6 : Les droits patrimoniaux

Les droits patrimoniaux permettent à l'auteur ou à ses ayants droit d'exploiter son œuvre sous quelque forme que ce soit : ainsi, l'auteur peut décider de la reproduction et de la représentation publique de son œuvre et en tirer une rémunération.

Contrairement aux droits moraux qui sont perpétuels et inaliénables, les droits patrimoniaux sont limités dans le temps et peuvent être cédés à un tiers : l'auteur en dispose tout au long de sa vie ainsi que ses ayants droit durant les 70 années qui suivent son décès[1].

1. Après ce délai, l'œuvre tombe dans le domaine public.

Le droit de représentation
Le droit de représentation encadre la communication de l'œuvre au public, peu importe le procédé utilisé : l'œuvre peut faire l'objet d'une représentation directe en public (comme une pièce de théâtre ou une œuvre musicale) ou d'une représentation indirecte (comme une projection publique ou une télédiffusion). [...]

Le droit de reproduction
Dans les textes, la reproduction est la fixation matérielle de l'œuvre par tous les procédés qui permettent de la communiquer au public d'une manière indirecte.
Cela signifie que la reproduction d'un tableau dans un livre, d'un film en DVD [...], bref, toute reproduction de l'œuvre doit être autorisée par l'auteur, peu importe les supports ou les moyens utilisés (imprimés, enregistrements audiovisuels, sonores, etc.). Et cela est valable même si l'œuvre n'est reproduite que de manière partielle.

www.sacd.fr.

Le Parisien/Aujourd'hui en France, 24 août 2017.

Représentation ou reproduction
La distinction entre représentation et reproduction n'est pas très claire. Il est difficile de dire si un document numérique sur Internet fait l'objet d'une représentation ou d'une reproduction. C'est en fait la notion de mise à disposition du public qui est importante, quelle qu'en soit la forme.

3. De quelle manière Brigitte Hass pourra-t-elle tirer une rémunération de ses chansons ?

....

4. Comparez le droit moral et les droits patrimoniaux.

....

....

....

5. En quoi le développement de l'Internet et des réseaux sociaux a-t-il facilité les atteintes au droit d'auteur ?

....

....

....

....

....

....

....

2. LES EXCEPTIONS AUX DROITS PATRIMONIAUX DE L'AUTEUR

Situation

Victor s'est renseigné sur la législation sur le droit d'auteur. Il a en particulier appris qu'il existait des exceptions au droit d'auteur.

DOCUMENT 7 : Les exceptions au droit d'auteur

Il y a des exceptions au droit d'auteur ; ainsi, lorsqu'une œuvre a été divulguée, sont autorisés, sans qu'il y ait besoin de payer de droits :
- la représentation privée et gratuite dans un cercle de famille (public restreint aux parents et amis),
- la copie à usage privé,
- la revue de presse,
- les citations courtes ou l'analyse (les citations doivent illustrer un propos, être brèves et justifiées par le caractère critique, polémique, pédagogique, scientifique ou d'information, de l'œuvre ; le nom de l'auteur doit être cité),
- les parodies ou caricatures,
- l'adaptation des œuvres à des personnes handicapées, pour les organismes effectuant des éditions adaptées (transcription en braille),
- l'exception pédagogique, qui permet à un enseignant de reproduire et représenter des extraits d'œuvres à ses élèves.

www.catechese.catholique.fr.

1. Victor se demande si le fait d'avoir mis la vidéo de Brigitte sur sa page Facebook ne peut pas entrer dans le cadre des exceptions au droit d'auteur. Il n'a en effet que dix-huit amis sur Facebook. Qu'en pensez-vous ?

2. Brigitte a mis les paroles de ses chansons en ligne. Est-il légal de les télécharger, de les imprimer pour apprendre la chanson chez soi ? Est-il légal de mettre ces paroles de chanson sur son blog ?

3. Victor n'avait pas hésité à modifier de manière humoristique quelques mots des paroles des chansons de Brigitte qu'il avait mises en ligne. Quel argument pourrait-il avancer pour rester dans la légalité ?

3. LA DÉFENSE DES DROITS D'AUTEUR

Situation

Brigitte est aujourd'hui une chanteuse confirmée et constate que ses chansons sont largement piratées sur le net. Elle se demande comment elle peut se défendre.

A. La défense technique des droits d'auteur

DOCUMENT 8 : Renforcer le droit d'auteur

La première défense de la propriété peut être, avant tout une défense technique. Le créateur d'un logiciel peut ainsi verrouiller son système. Le producteur d'un DVD peut adopter un dispositif interdisant la reproduction ou limitant certaines lectures. [...] Le propriétaire qui établit une clôture autour de son jardin ne fait pas autre chose. Une loi du 1er août 2006 (art. 331-5 et 331-22 du CPI) consacre ces mesures techniques de protection dans notre droit qu'il ne faut pas diaboliser. Celles-ci peuvent en effet parfois renforcer le droit d'auteur. [...] Il ne faut pas non plus ignorer les questions qu'elles posent. Est-il par exemple possible de faire circuler des produits permettant de contourner les dispositifs techniques de protection ? Ces mesures ne font-elles pas échec à la copie privée ? Sur ce dernier point, une réponse intéressante est apportée par un jugement du tribunal de grande instance de Nanterre le 2 septembre 2003 rendu à propos de l'action d'une consommatrice contrariée par le fait que le CD qu'elle avait acheté ne pouvait être lu dans sa voiture. Le juge ne va pas hésiter à considérer que le produit culturel acheté était vicié (ce qui justifiait l'annulation du contrat).

Droit et grands enjeux du monde contemporain, La Documentation française.

DOCUMENT 9 : DRM

Que sont les DRM ? La plupart des intéressés de l'édition numérique (ou du numérique en général) connaissent bien nos amis DRM, mais ce n'est pas le cas de tout le monde. [...] DRM signifie Digital Rights Management. En français, on parle de Gestion des Droits Numériques (GDN) mais la plupart des Français préfèrent l'appellation anglaise de DRM. Comme leur nom ne le suggère pas forcément, les DRM sont des protections implantées sur des supports (CD, DVD, etc.) ou directement sur des fichiers numériques afin de contrôler leur utilisation, et souvent de limiter leur diffusion. [...] Il existe des DRM sur tout support ou format numérique : films, musiques, jeux vidéos, etc.

Les DRM peuvent être de différents types. Il peut s'agir de limitations sur la diffusion de l'œuvre numérique (interdiction de transfert vers plusieurs appareils externes), sur l'utilisation de cette œuvre (obligation de passer par une plate-forme ou un service spécifique), de zonage (restriction à une zone géographique), de protections anticopies, etc.

https://lesoufflenumerique.com.

DOCUMENT 10 : L'UFC porte plainte contre le verrouillage des disques

L'association estime les droits des consommateurs floués.

À force de lutter contre la piraterie, les maisons de disques finissent-elles par restreindre les droits des consommateurs ? C'est l'avis de l'association de consommateurs UFC-Que Choisir, qui a annoncé hier qu'elle réclamait en justice le retrait des bacs de CD et DVD rendus illisibles par les systèmes anticopies de certains producteurs. Des pratiques « illégitimes et illégales », selon l'association, car elles « bafouent les droits du public et des acheteurs de CD ». En ligne de mire, le dernier Alain Souchon, illisible sur un autoradio ; le Phil Collins, incopiable sur un ordinateur Macintosh ; et le DVD du film de David Lynch Mulholland Drive dont la duplication est tout aussi impossible. Trois plaintes ont été déposées, contre EMI Music France (Souchon), Warner Music France (Collins), et les films Alain Sarde, Studio Canal et Universal Pictures Video (Lynch).

www.liberation.fr, 28 mai 2003.

DOCUMENT 11 : Cour d'appel de Colmar, arrêt du 31 mars 2017 Monsieur X. / Sacem

Vu le jugement, rendu le 21 octobre 2016 par le tribunal correctionnel de Strasbourg qui a déclaré Monsieur X. coupable :
- de mise à disposition du public de logiciel manifestement destiné à la mise à disposition non autorisée d'œuvres protégées, entre le 1er janvier 2013 et le 22 mars 2016 ;
- l'a condamné à un emprisonnement délictuel de six mois avec sursis,
- a ordonné la confiscation des objets placés sous scellés,
- l'a condamné à payer à la partie civile :
• la somme de 20 000 € en réparation du préjudice matériel,
• la somme de 1 000 € en réparation du préjudice moral,

LA COUR, statuant publiquement, contradictoirement :
CONFIRME le jugement en toutes ses dispositions sur l'action publique et sur l'action civile.

1. Expliquez ce que sont les DRM.

....

2. Quels sont, pour Brigitte, les avantages et les problèmes posés par l'utilisation des DRM ?

....

....

3. À quels types de sanctions s'expose une personne qui faciliterait le contournement des moyens de protection ?

....

B. La défense juridique des droits d'auteur

DOCUMENT 12 : Délit

« Toute édition d'écrits, de composition musicale, de dessin, de peinture ou de toute autre production, imprimée ou gravée en entier ou en partie, au mépris des lois et règlements, relatifs à la propriété des auteurs est une contrefaçon ; et toute contrefaçon est un délit » (art. L. 335-2 al. 1er, Code de la propriété intellectuelle).
La contrefaçon est sanctionnée pénalement et civilement.
La peine maximale encourue est un emprisonnement de trois ans et une amende de 300 000 €.
Les sanctions civiles consistent en une indemnisation de la victime sous la forme de dommages et intérêts.
Lorsque la contrefaçon est réalisée en « bande organisée », c'est-à-dire à plusieurs et sur une grande échelle, elle est plus lourdement sanctionnée : sept ans d'emprisonnement et 750 000 € d'amende.

DOCUMENT 13 : Hadopi (Haute autorité pour la diffusion des œuvres et la protection des droits sur Internet)

L'Hadopi met en œuvre un dispositif de rappel à la loi pédagogique qui vise, par l'envoi de mails d'avertissement, à informer les internautes de leur obligation de surveillance de leur accès à Internet afin qu'il ne soit pas utilisé pour mettre à disposition ou reproduire des contenus numériques protégés par le droit d'auteur.
Le dispositif de la réponse graduée repose sur l'envoi, par la Commission de protection des droits de l'Hadopi, de messages d'avertissement aux titulaires d'abonnements internet ayant manqué à leur obligation de surveillance de leur accès à Internet. Ce dispositif constitue la réponse graduée.
La réponse graduée est le dispositif pédagogique de rappel à la loi mise en place par la Commission de protection des droits de l'Hadopi pour lutter contre les échanges illicites d'œuvres protégées par le droit d'auteur. [...]

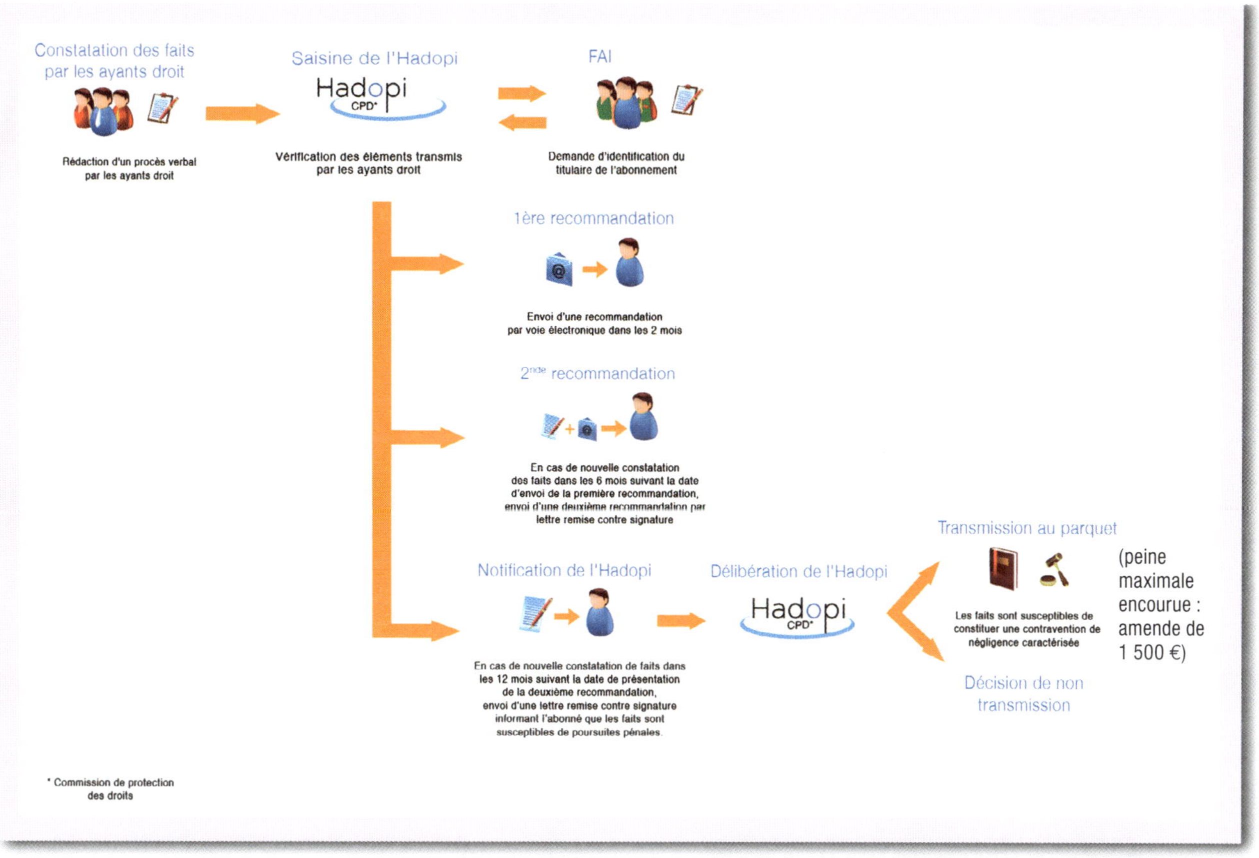

www.hadopi.fr.

1. Brigitte Hass a constaté que certaines de ses créations de bijoux avaient été copiées. Elle n'a pas hésité à demander un constat d'huissier et à saisir la justice. Que risque le contrefacteur ?

....

....

....

2. Jean-Baptiste a pris l'habitude de télécharger des films et des musiques sur Internet et de les partager. Il vient de recevoir par mail un premier avertissement de l'Hadopi. Quelles peuvent être les suites si Jean-Baptiste ne tient pas compte de cet avertissement ?

....

....

....

....

....

3. Pourquoi peut-on dire que le mécanisme de l'Hadopi constitue une réponse graduée ? Comparez la contrefaçon et le dispositif mis en place par l'Hadopi.

....

....

....

....

L'ESSENTIEL EN SCHÉMA

DROITS D'AUTEUR ET UNIVERS NUMÉRIQUE

LES DROITS D'AUTEUR

ŒUVRES PROTÉGÉES

- Originalité.
- Matérialisation.
- Absence de formalités.

LE CONTENU DE LA PROTECTION

DROIT MORAL

QUATRE PRÉROGATIVES

– droit de divulgation,
– droit de paternité,
– droit au respect de l'œuvre,
– droit de retrait et de repentir.

CARACTÉRISTIQUES

– perpétuel,
– inaliénable,
– imprescriptible.

DROITS PATRIMONIAUX

DEUX PRÉROGATIVES

– droit de représentation,
– droit de reproduction.

CARACTÉRISTIQUES

Limités dans le temps : ils durent toute la vie de l'auteur puis 70 ans après sa mort pour ses héritiers.

LES EXCEPTIONS AUX DROITS PATRIMONIAUX DE L'AUTEUR

- Représentation privée dans le cercle de famille.
- Copie à usage privé.
- Courtes citations.
- Parodies et caricatures.
- Adaptation des œuvres à des personnes handicapées.
- Exception pédagogique.

LA DÉFENSE DES DROITS D'AUTEUR

DÉFENSE TECHNIQUE

DRM (Digital Rights Management).

DÉFENSE JURIDIQUE

– Contrefaçon : délit civil et pénal.
– Hadopi : lutte contre le piratage par une réponse graduée.

APPLICATION

Objectif BTS

Voir fiches méthodologiques

ANALYSER UNE SITUATION JURIDIQUE

Vous traiterez le dossier ci-dessous à l'aide de vos connaissances et des documents en annexe

Votre ami Kilian vient d'être embauché dans une grande enseigne de produits de sport. Il est chargé de la mise en forme du site internet.

Sachant que vous avez de réelles compétences en matière de droits d'auteur, il vous expose succinctement son projet et vous demande un avis juridique motivé sur chacun des points suivants.

1. **La première page représentera sur la partie gauche, le stade antique de Delphes et sur la partie droite, le Stade de France qu'il avait pris en photo lui-même lors d'un récent voyage à Paris.**
2. **Sur la deuxième page figurera une photographie stylisée de la Tour Eiffel due au célèbre ingénieur Gustave Eiffel (1832-1923). Cette photo a été trouvée sur Internet.**
3. **La page concernant les tenues de sport sera accompagnée par la chanson de Maître Gims « Sapés comme jamais ». L'extrait ne durera que vingt secondes.**
4. **La page « randonnée » sera illustrée par trois extraits du roman de Jean-Christophe Ruffin « Immortelle randonnée ». L'un de ces extraits sera légèrement modifié afin d'y introduire un nom de marque.**

ANNEXE 1 : Les photos de monuments

Les monuments historiques sont des œuvres d'art architectural normalement protégées par le droit d'auteur. En France, la durée de protection d'une œuvre en vertu du droit d'auteur court durant toute la vie de l'auteur de l'œuvre, ainsi que pendant les soixante-dix années qui suivent le décès dudit auteur, au profit de ses héritiers (article L. 123-1 du Code de la propriété intellectuelle). En outre, les architectes des bâtiments publics sont des créateurs dont les œuvres relèvent du droit d'auteur : ils ont le droit de poursuivre toute reproduction ou représentation ou utilisation de leurs œuvres faites sans leur autorisation préalable.

Or, la plupart des monuments historiques en France sont des œuvres qui ne bénéficient plus de la protection du fait des droits d'auteur, du fait de leur date de création/réalisation : elles sont, en quelque sorte, « tombées dans le domaine public ». Il n'y a donc, a priori, aucun obstacle à la mise en ligne sur le site de photos de monuments historiques.

Cependant, ce propos doit être nuancé par quelques particularités existant en la matière :

- la Tour Eiffel, par exemple, peut faire l'objet de photographies « libres » en journée, mais pas de photographies nocturnes car son éclairage est considéré comme une œuvre de l'esprit protégée par le droit d'auteur ;
- les architectes du Stade de France et l'Arche de la Défense sont titulaires d'un droit d'auteur sur leur réalisation et leurs reproduction et représentation ne peuvent être faites sans l'autorisation préalable des auteurs (créateurs) des bâtiments ;
- si le monument est encore protégé par le droit d'auteur, la représentation de l'œuvre située dans un lieu public n'est pas illicite lorsqu'elle est accessoire au sujet principal traité ;
- on considère qu'il n'y a pas reproduction du fait de l'impossibilité de communiquer l'œuvre, dans le cas où une représentation visuelle (par exemple une photo ou une affiche) ne reproduit qu'une infime partie de l'œuvre architecturale, dès lors que les éléments y figurant ne communiquent pas au public ses traits caractéristiques.

http://patrimoine-de-france.com.

ANNEXE 2 : Courte citation

Le Code de la propriété intellectuelle prévoit que, lorsqu'une œuvre a été divulguée, l'auteur ne peut interdire les courtes citations justifiées par un caractère critique, polémique, pédagogique, scientifique ou d'information.

Pour valablement constituer une exception au monopole d'exploitation de l'auteur, la courte citation doit remplir plusieurs conditions cumulatives :

– La citation ne doit pas porter atteinte au droit moral de l'auteur : il faut respecter l'esprit et la forme de l'œuvre initiale, ne pas la dénaturer.

– La mention de la source doit être claire : cela permet de respecter le droit à la paternité de l'œuvre originale. L'utilisation de guillemets et de caractères en italique permet d'éviter tout risque de confusion avec l'œuvre originale.

– L'utilisation de la citation doit être « justifiée par le caractère critique, polémique, pédagogique, scientifique ou d'information de l'œuvre à laquelle [elle est incorporée] ».

– La citation doit être courte : cela est apprécié au cas par cas, en fonction de la longueur de l'œuvre originale et de la citation, mais également de l'importance qualitative de l'extrait cité.

La Cour de cassation considère traditionnellement que le droit de citation ne peut s'exercer qu'en matière littéraire et ne s'applique pas au domaine des œuvres graphiques et plastiques, musicales et audiovisuelles.

Margerie Véron, http://desdroitsdesauteurs.fr.

4 LA PROTECTION DES CRÉATIONS NUMÉRIQUES

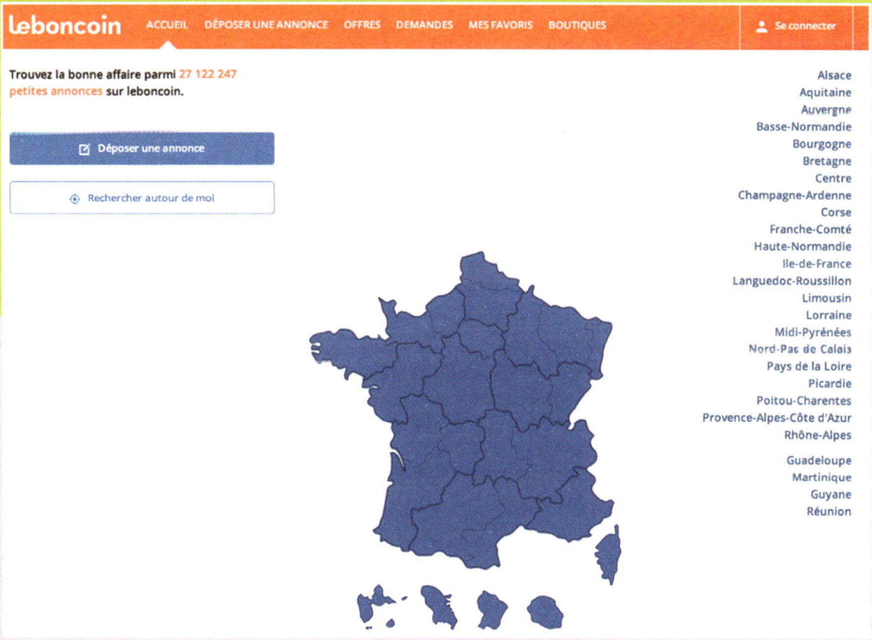

www.leboncoin.fr.

www.flexybeauty.com.

1. Quelles sont les créations numériques évoquées dans les documents ci-dessus ?
2. De quelle(s) manière(s) ces créations numériques peuvent-elles être protégées ?

1. LES BASES DE DONNÉES

A. Définition

Situation

Marwan Zouaghi a créé une entreprise de vente de produits de beauté naturels sur Internet. Il a constitué au fil des années un fichier clients. Les adresses sont disposées de manière méthodique et peuvent être extraites individuellement ou selon certains critères prédéterminés : âge, sexe, historique des ventes… Cela lui permet en particulier de mettre en place des campagnes marketing ciblées.

DOCUMENT 1 : Qu'est-ce qu'une base de données ?

Une définition, très inspirée de la directive de 1996, est proposée par l'article L. 112-3 al. 2 CPI : « On entend par base de données un recueil d'œuvres, de données ou d'autres éléments indépendants, disposés de manière systématique ou méthodique, et individuellement accessibles par des moyens électroniques ou par tout autre moyen. »
Plusieurs éléments peuvent être retenus de cette définition :
- la base de données est une compilation d'informations ;
- ces informations sont organisées, agencées. Il ne s'agit pas d'un simple empilement de données ;
- les éléments de base sont indépendants et peuvent être extraits isolément ;
- une base de données n'est pas obligatoirement informatisée. Néanmoins la plupart le sont aujourd'hui.

1. Le fichier clients créé par Marwan correspond-il à la définition d'une base de données ?

……………………………………………………………………………………………

……………………………………………………………………………………………

……………………………………………………………………………………………

2. Parmi les exemples suivants, quels sont ceux qui selon vous, peuvent être qualifiés de bases de données ?
- L'annuaire Pages jaunes.
- Le catalogue « livres » de la Fnac sur Internet.
- Le mode d'emploi d'un smartphone.
- Le site Legifrance qui permet d'accéder aux codes juridiques, article par article.
- La liste des élèves établie par la vie scolaire dans un lycée.

……………………………………………………………………………………………

……………………………………………………………………………………………

……………………………………………………………………………………………

……………………………………………………………………………………………

B. La protection des bases de données

Situation

Marwan a constaté depuis quelques semaines que plusieurs de ses clients recevaient des publicités concernant les produits d'une entreprise concurrente. Il soupçonne cette entreprise de s'être procuré son fichier clients de manière frauduleuse. Cela le contrarie d'autant plus qu'il a passé des dizaines d'heures à réaliser son fichier clients et qu'il s'est même fait aider par une société spécialisée qui lui a facturé la prestation 3 400 €. Marwan se demande si son concurrent pouvait légalement utiliser sa base de données.

DOCUMENT 2 : Base de données et droit d'auteur

Une base de données est une œuvre protégée par le droit d'auteur, si elle est originale (par sa structure ou par le choix de son contenu).
Une base de données de 400 conventions collectives (qui sont dans le domaine public), présentant ces conventions de façon originale, avec une synthèse de chaque convention, est une œuvre originale protégée par le droit d'auteur (Cour d'appel de Lyon, 22 juin 2000).
Même si la structure de la base de données est assez simple, dès lors que le choix du contenu est original, la base est protégée par le droit d'auteur.
Un recueil de photographies de personnages politiques de différents pays peut être protégé par le droit d'auteur (Tribunal de grande instance de Paris, 29 janvier 1986).
Un guide de l'Église catholique, comprenant la notice biographique et la photo de chaque évêque, est une base de données protégée par le droit d'auteur (Cour d'appel de Paris, 11 janvier 2002).
Cette protection par le droit d'auteur dure soixante-dix ans après sa mise à disposition du public. Dès lors, toute utilisation de la base, fût-ce un extrait, nécessite l'accord de l'auteur de la base. Si la base a été élaborée par plusieurs personnes à l'initiative d'une personne qui l'édite sous son nom, elle relève du statut de l'œuvre collective, et c'est l'entreprise éditrice qui détient les droits d'auteur.

A.-L. Stérin, *Guide pratique du droit d'auteur*, Maxima.

DOCUMENT 3 : Originalité

Un annuaire téléphonique classique n'est pas une base de données originale, car il n'existe qu'une manière de classer les adresses et téléphones de personnes : l'ordre alphabétique. Mais un annuaire peut être original s'il classe les coordonnées des personnes selon une structure originale, notamment en fonction de critères particuliers (annuaire professionnel classant les personnes selon leur spécialité, leur adresse, etc.).
Le droit d'auteur peut aussi s'appliquer au contenu (les éléments) de la base de données, si les éléments sont originaux. Par exemple, si la base de données est un inventaire de sculptures, ces sculptures peuvent être protégées par le droit d'auteur, si elles sont originales. Ce droit appartiendra à l'auteur des œuvres et il faut donc s'assurer de son autorisation préalable.

htpp://economie.fgov.be.

DOCUMENT 4 : La protection spécifique ou protection par le droit des producteurs

Une base de données dont la structure et le contenu ne sont pas originaux, n'est pas protégée par le droit d'auteur. Elle peut néanmoins être protégée par un droit *sui generis*[1] (c'est-à-dire spécifique), si son élaboration a nécessité un investissement important. Cette protection porte sur le contenu de la base, et profite au producteur de la base : il n'est plus question ici d'auteur[2].
Pour bénéficier de cette protection sur le contenu de

1. En latin *sui generis* signifie littéralement « de son espèce », c'est-à-dire spécifique.
2. Le producteur d'une base de données est la personne qui prend l'initiative et le risque des investissements correspondants.

sa base, le producteur doit être en mesure de prouver (par des factures, des bulletins de salaires) qu'il a engagé des investissements substantiels (en matériel, en ressources humaines, en financement) pour élaborer le contenu de la base de données (CPI art. L. 341-1). [...]
Le droit *sui generis* du producteur protège le contenu de la base de données pendant quinze ans, mais tout nouvel investissement substantiel renouvelle la protection pour quinze nouvelles années. La protection peut ainsi être renouvelée indéfiniment, si le producteur engage des investissements substantiels pour maintenir à jour sa base (CPI art. L. 342-5). Cette protection n'est soumise à aucune condition de dépôt ou d'enregistrement.
Cette protection *sui generis* des bases de données au profit du producteur, résulte d'une directive européenne de 1996, applicable dans toute l'Union européenne, et transcrite dans le Code de propriété intellectuelle français. En vertu de cette protection, le producteur de la base a le droit d'interdire certains téléchargements ou réutilisations du contenu de sa base (CPI art. L. 342-1).

A.-L. STÉRIN, *Guide pratique du droit d'auteur*, Maxima.

DOCUMENT 5 : Article L. 342-2 du Code de la propriété intellectuelle

Le producteur peut [...] interdire l'extraction ou la réutilisation répétée et systématique de parties qualitativement ou quantitativement non substantielles du contenu de la base lorsque ces opérations excèdent manifestement les conditions d'utilisation normale de la base de données.

DOCUMENT 6 : Extraction

La société Artprice.com, qui gère une base de données consacrée au marché de l'art, a constaté que la société Crédinfor, gestionnaire d'un site sur la cote des œuvres d'art, s'était connectée plus de 36 000 fois en quelques jours à son site. Elle a poursuivi la société Crédinfor, qui a été condamnée pour avoir extrait une partie quantitativement substantielle de la base d'Artprice.com (Cour d'appel de Paris, 18 juin 2003).

DOCUMENT 7 : Sanctions

Le fait de porter atteinte aux droits d'un producteur d'une base de données est puni de deux ans d'emprisonnement et d'une amende de 150 000 € (article L. 343-1 CPI), les peines étant doublées en cas de récidive.
De même, les personnes morales peuvent être déclarées responsables pénalement de ces infractions. Des dommages-intérêts peuvent être par ailleurs alloués au producteur afin de réparer le préjudice subi du fait de l'atteinte portée à la base de données.

1. Marwan vous demande quelles sont les deux bases juridiques sur lesquelles il pourrait s'appuyer pour intenter une action en justice contre son concurrent. Il a constaté que plus de 40 % de son fichier avait été piraté.

....

....

....

2. Quelle est la base juridique que vous lui conseilleriez ? Pourquoi ?

....

....

3. Quelles sont les sanctions encourues par son concurrent ?

....

....

2. LA PROTECTION DES SITES INTERNET

Marwan Zouaghi a créé un site internet, www.marwanature.fr, dont il est très satisfait et qui explique sans doute le large succès de son entreprise. La structure générale du site, son design, ses couleurs, les photographies, les musiques rendent la consultation du site agréable.
Cela n'a pas échappé à un concurrent qui n'a pas hésité à copier plusieurs éléments du site : charte graphique, typographie, couleurs, etc. Marwan se demande s'il existe une manière de protéger son site.

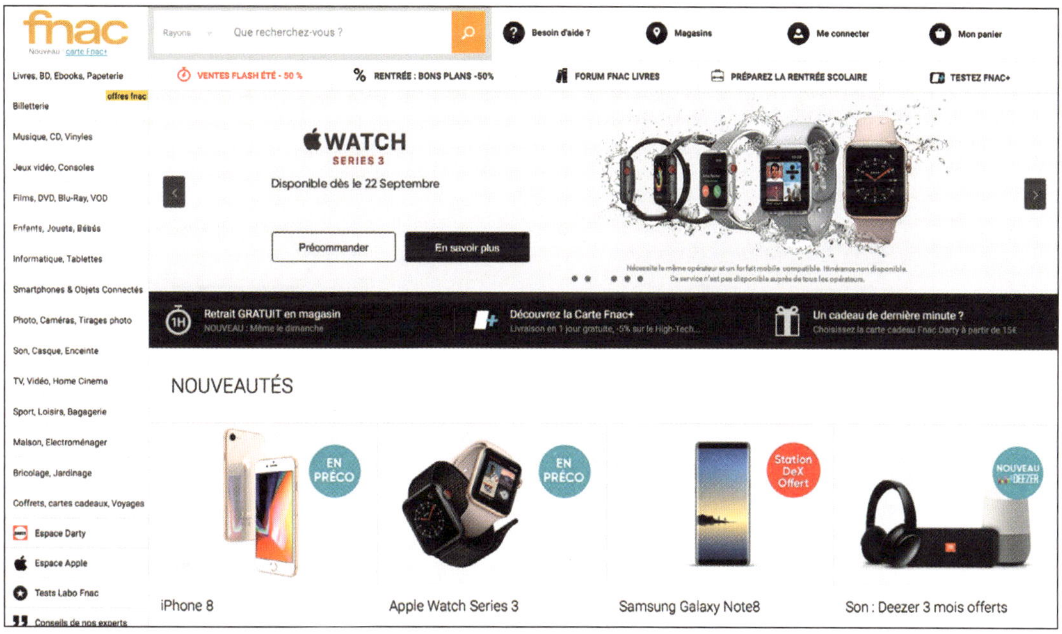

DOCUMENT 8 : Qu'est-ce qu'un site web ?

Un site web est un ensemble de documents structurés, nommés « pages », stockés sur un serveur et accessibles sur la Toile à partir d'une même adresse. Une page web peut contenir du texte, des images, des sons, des vidéos, des liens hypertextes… Le site web constitue une œuvre de l'esprit et en conséquence, il est protégé par le droit de la propriété intellectuelle. Chaque site web a un propriétaire : une entreprise, une association, une administration ou un particulier (on parle dans ce dernier cas de blog).

http://sabbar.fr/droit.

DOCUMENT 9 : La protection du nom du site web

Le nom du site, s'il est connu ou s'il est séduisant, risque d'être usurpé ou copié par des tiers. Pour le défendre, le titulaire dispose de divers moyens :
– il invoquera le droit des marques et engagera une action en contrefaçon, s'il a pris la précaution d'enregistrer le nom de son site auprès de l'INPI[1] ;
– en tant que tel, le nom de domaine, pourvu qu'il soit distinctif, est lui-même protégé par le droit dès qu'il a été utilisé publiquement. Ainsi, il constitue une antériorité opposable à celui qui souhaiterait l'enregistrer postérieurement en tant que marque ;
– le titre du site jouit enfin d'une protection par le droit d'auteur, en tant que titre d'une œuvre de l'esprit (L. 112-4 alinéa 1er CPI).

1. Une marque déposée à l'INPI est protégée pour une période de dix ans renouvelable indéfiniment.

J. Larrieu, *Droit de l'Internet*, Ellipses.

DOCUMENT 10 : Protections

Protection de la présentation du site

La condition d'originalité vaut [...] pour la présentation du site. Ainsi, une page-écran, un graphisme, une animation ou l'arborescence d'un site peuvent être protégés en tant qu'œuvres de l'esprit, lorsqu'ils présentent un caractère original. Il en va de même pour ce qui concerne l'assemblage de textes, d'images, de sons et de liens hypertextes.

Si le site web présente un aspect graphique, il peut également être protégé par un dépôt de modèle auprès de l'Institut National de la Propriété Industrielle, sous réserve que ladite œuvre graphique soit nouvelle.

Protection des bases de données

Un site web peut, par ailleurs, bénéficier de la protection *sui generis* des bases de données, s'il répond à la définition de la base de données de l'article L. 112-3 du Code de la propriété intellectuelle : « recueil d'œuvres, de données ou d'autres éléments indépendants disposés de manière systématique ou méthodique et individuellement accessibles par des moyens électroniques ou par tout autre moyen ».

Le producteur d'une base de données a le droit d'interdire l'extraction, par transfert permanent ou temporaire, de la totalité ou d'une partie qualitativement ou quantitativement substantielle du contenu d'une base de données sur un autre support, ainsi que la réutilisation, par la mise à la disposition du public de ceci (art. L. 342-1 CPI). [...]

Les éléments contenus dans une base de données peuvent, par ailleurs, être protégés indépendamment de cette base par le droit d'auteur. [...]

Protection des logiciels du site

Les logiciels utilisés pour la création et le fonctionnement du site, comme par exemple les moteurs de recherche, les logiciels de mesure d'audience, de statistique, etc., font l'objet d'une protection particulière par le droit d'auteur.

www.murielle-cahen.com.

DOCUMENT 11 : Défendre ses droits

Pour défendre ses droits, le propriétaire d'un site web peut exercer deux types d'actions en justice : l'action en contrefaçon et l'action en concurrence déloyale.

- **L'action en contrefaçon :** la contrefaçon se définit comme une atteinte aux droits de reproduction et de représentation d'une œuvre sans l'accord de l'auteur. La violation de ces droits engage la responsabilité pénale et la responsabilité civile du contrefacteur. Les sanctions pénales sont des peines d'emprisonnement (trois ans) et d'amende (300 000 €). Les sanctions civiles sont la réparation et la cessation de l'acte de contrefaçon. À ce titre, le titulaire des droits peut demander que lui soient versés des dommages et intérêts pour réparation de son préjudice moral et patrimonial.

- **L'action en concurrence déloyale :** la concurrence déloyale désigne les procédés concurrentiels malhonnêtes et contraires à la loi et aux usages et pouvant porter préjudice aux concurrents. Elle est sanctionnée par des dommages et intérêts, la cessation de la pratique déloyale ainsi que la publication possible du jugement.

www.sabbar.fr.

1. Le site www.marwanature.fr connaît depuis quelques mois un succès grandissant. Quelle précaution Marwan peut-il prendre pour protéger efficacement le nom de son site ?

2. Sur quelle(s) base(s) juridique(s) la présentation du site peut-elle être protégée ?

3. Le site de Marwan présente en ligne un catalogue de 300 produits naturels (photographies, composition, prix). Pensez-vous que ce site puisse bénéficier de la protection spécifique (*sui generis*) des bases de données ? Justifiez votre réponse.

4. Si Marwan constate que son site a été recopié en partie par un concurrent, quelles seront les deux actions possibles ? Quelle est la différence entre les deux actions en ce qui concerne les sanctions ?

LA PROTECTION DES CRÉATIONS NUMÉRIQUES

LES BASES DE DONNÉES

DÉFINITION

Recueil d'œuvres, de données disposées de manière méthodique et individuellement accessibles.

PROTECTION

– Par le droit d'auteur si originalité.
– Protection spécifique (= par le droit des producteurs = *sui generis*) si investissement important (= substantiel).

Sanctions pénales et civiles (dommages-intérêts).

LES SITES INTERNET

DÉFINITION

Ensemble de documents structurés accessibles sur la Toile à partir d'une même adresse.

PROTECTION

DU NOM DU SITE
– Droit des marques.
– Droit d'auteur.

DE LA PRÉSENTATION DU SITE
– Droit d'auteur.
– Droit des dessins et modèles.

DES BASES DE DONNÉES SI LE SITE RÉPOND À CETTE DÉFINITION
– Droit d'auteur.
– Protection spécifique.

DES LOGICIELS DU SITE
– Droit d'auteur.

Sanctions pénales et civiles (dommages-intérêts).

APPLICATION

Objectif BTS

Voir fiches méthodologiques

ANALYSER UNE SITUATION JURIDIQUE

Vous traiterez le dossier ci-dessous à l'aide de vos connaissances et des documents en annexe

Jean-Marc Adam est passionné par les voitures miniatures. Il a lancé depuis deux ans un site internet sur lequel il présente plusieurs centaines de modèles qui peuvent être accessibles par marque, année de lancement, cylindrée, etc. Cela lui a demandé plusieurs mois de travail.

Il vient de constater qu'un site de vente de jouets a repris quasi intégralement la page d'accueil de son site ainsi que plusieurs pages de présentation de voitures miniatures.

Jean-Marc vous demande quels types d'action il pourrait envisager pour protéger ses créations.

ANNEXE 1 : Code de la propriété intellectuelle

Article L. 341-1 CPI

Le producteur d'une base de données, entendu comme la personne qui prend l'initiative et le risque des investissements correspondants, bénéficie d'une protection du contenu de la base lorsque la constitution, la vérification ou la présentation de celui-ci atteste d'un investissement financier, matériel ou humain substantiel.

Cette protection est indépendante et s'exerce sans préjudice de celles résultant du droit d'auteur ou d'un autre droit sur la base de données ou un de ses éléments constitutifs.

Article L. 342-1 CPI

Le producteur de bases de données a le droit d'interdire :

1. L'extraction, par transfert permanent ou temporaire de la totalité ou d'une partie qualitativement ou quantitativement substantielle du contenu d'une base de données sur un autre support, par tout moyen et sous toute forme que ce soit.
2. La réutilisation, par la mise à la disposition du public de la totalité ou d'une partie qualitativement ou quantitativement substantielle du contenu de la base, quelle qu'en soit la forme.

Ces droits peuvent être transmis ou cédés ou faire l'objet d'une licence.

Le prêt public n'est pas un acte d'extraction ou de réutilisation.

Article L. 342-2 CPI

Le producteur peut également interdire l'extraction ou la réutilisation répétée et systématique de parties qualitativement ou quantitativement non substantielles du contenu de la base lorsque ces opérations excèdent manifestement les conditions d'utilisation normale de la base de données.

ANNEXE 2 : Copie d'une base de données

La société Optima On Line a développé et commercialise une base de données regroupant des informations sur les entreprises françaises, y compris des adresses mail. La société Media Contact commercialise une base de données contenant des adresses mail d'entreprises françaises.
Selon la société Optima On Line, la base de données exploitée par Media Contact serait une copie de sa propre base de données.
Concernant l'originalité de la base de données d'Optima On Line, et la protection par le droit d'auteur, le tribunal retient que la société Optima On Line ne démontre pas que « le choix et la disposition des matières sont originaux, c'est-à-dire qu'ils portent l'empreinte de la personnalité de son auteur. À défaut de décrire les choix opérés, de les citer et d'en exposer les motifs d'originalité, la société Optima On Line ne peut être qualifiée d'auteur de la base de données ». [...]
En conséquence, faute d'avoir démontré le caractère original de sa base de données, Optima On Line ne peut bénéficier de la protection par le droit d'auteur.
Dans un deuxième temps, le tribunal examine les critères du droit des producteurs pour déterminer si la base de données peut bénéficier du droit *sui generis*.
La société Optima On Line avait produit les factures de développement de la base (développements techniques, collecte des données, etc.) pour prouver l'importance de l'investissement financier initial puis les factures représentant les coûts de mise à jour de la base, ainsi que les bulletins de paie des salariés impliqués dans le projet. Le caractère substantiel de l'investissement est ainsi retenu par le tribunal.
Le tribunal relève en outre que la base de données de Media Contact reprend des adresses pièges figurant dans la base de données de la société Optima On Line et en déduit qu'il s'agit d'extractions substantielles, portant atteinte aux droits de producteur de base de données.
Le tribunal condamne donc la société Media Contact à payer à Optima On Line 150 000 € en réparation de l'utilisation frauduleuse de sa base de données.

Bénédicte Deleporte, www.journaldunet.com.

5 LA PROTECTION DES DONNÉES À CARACTÈRE PERSONNEL

Données personnelles : les Français de plus en plus inquiets

Un sondage réalisé par l'institut CSA montre que, contrairement aux idées reçues, les plus jeunes sont au moins aussi inquiets sur ce point que leurs aînés.

Neuf Français sur dix se disent « préoccupés par la protection des données personnelles sur Internet », en hausse de cinq points depuis 2014.

Les banques sont l'institution dans laquelle les Français ont le plus confiance pour protéger leurs données personnelles. Mais la proportion (53 %) reste basse, preuve du grand scepticisme dont ils font preuve face aux organismes qui gèrent leurs données. Les réseaux sociaux sont ceux qui s'en sortent le plus mal : seuls 10 % des Français leur font confiance pour protéger leurs données.

Martin Untersinger, www.lemonde.fr, 20 septembre 2017.

École : quelle protection des données personnelles de vos enfants ?

L'utilisation des GAFAM à l'école

En cause, l'utilisation par les enseignants et les élèves des géants du web, les GAFAM (Google, Apple, Facebook, Amazon, Microsoft) en classe. Un compte Gmail pour stocker des documents dans Google Drive ou un compte Facebook pour créer un blog, ces pratiques ont été autorisées voire encouragées depuis quelques années. Or, leurs impacts n'ont pas été pris en compte et ces multinationales ont la main sur une multitude de données scolaires.

Mélanie, http://blog.nordnet.com, 5 septembre 2017.

1. Quels sont, selon vous, les risques courus par les internautes concernant leurs données personnelles ?
2. Quelles mesures pourraient-elles être prises ?

1. DÉVELOPPEMENT DES TIC[1] ET COLLECTE DE DONNÉES

Olivier Chapiat consulte régulièrement ses comptes bancaires sur Internet. Pour cela, il a dû remplir un formulaire en ligne.
Olivier vient de lire un article sur les risques que fait courir la diffusion des données personnelles et se pose quelques questions.

DOCUMENT 1 : Qu'est-ce qu'une donnée à caractère personnel ?

L'article 2 de la loi Informatique et Libertés du 6 janvier 1978 définit une donnée à caractère personnel ; il s'agit de « toute information relative à une personne physique identifiée ou qui peut être identifiée, directement ou indirectement, par référence à un numéro d'identification ou à un ou plusieurs éléments qui lui sont propres ».
Seules les personnes physiques sont donc protégées.
Ce texte est interprété de manière extensive. Sont considérés comme données à caractère personnel les éléments suivants :

- nom, prénom,
- photo,
- date de naissance,
- statut matrimonial,
- adresse postale, mail, adresse IP d'ordinateur,
- n° de Sécurité sociale,
- n° de téléphone,
- n° de carte bancaire,
- plaque d'immatriculation du véhicule,
- empreinte génétique,
- empreintes digitales, etc.

1. Quelles sont les données à caractère personnel qui ont pu être demandées à Olivier lors de l'ouverture de son compte ?

....

....

....

....

2. Quelle utilisation peut faire sa banque de ces données ?

....

....

....

....

....

....

....

....

....

1. TIC : Technologies de l'information et de la communication.

Olivier Chapiat a demandé un prêt à sa banque. De nombreuses informations lui ont été demandées. De plus, sa banque lui propose une carte bancaire autorisant des retraits plus importants aux distributeurs.

DOCUMENT 2 : Informations

Pour ouvrir un compte ou obtenir un crédit, chacun d'entre nous doit prouver son identité, donner son âge, celui de ses enfants, ses antécédents médicaux, ses relevés de salaire, son avis d'imposition, jusqu'à son poids dans certains cas... Les banques ont besoin de ces informations pour calculer le profil de risque de chacun.
D'autres informations, encore plus courues, figurent dans les ordinateurs de nos banquiers : il s'agit des données récupérées lors des transactions (paiements en carte bancaire, virements, prélèvements, chèques). Elles disent où nous allons, quand et comment nous dépensons notre argent. Autant d'éléments qui permettent de deviner ce que nous sommes susceptibles d'acheter demain. [...]
« La hausse de vos dépenses chez le garagiste, la marque de votre voiture et votre capacité d'épargne permettent d'avoir une idée du moment où vous pouvez avoir envie de changer de voiture et de vous proposer un crédit auto pertinent », renchérit Marguerite Bérard-Andrieu, directrice générale adjointe de BPCE[1]. Ce groupe, associé à la chaire ParisTech, développe également, pour prévenir le surendettement, des modèles prédictifs qui détectent la fragilité financière dix-huit mois à l'avance, en prenant en compte plus de quinze variables.

1. BPCE : Groupe Banque Populaire et Caisse d'Épargne.

Jade Grandin de l'Éprevier, *Le Monde*, 18 mars 2016.

3. Quelles sont les données personnelles qui permettent à la banque de calculer le profil de risque d'un client ?

....

....

....

4. Pourquoi la banque a-t-elle proposé à Olivier une carte bancaire permettant des retraits plus importants ?

....

....

5. Quels sont, pour le client, les avantages de la collecte de données personnelles ? Quels sont les inconvénients ?

....

....

....

....

6. En quoi les technologies de l'information et de la communication modifient-elles en profondeur la collecte et le traitement des données ?

....

....

Situation

Aujourd'hui, Olivier Chapiat a téléchargé trois applications et mis deux photographies sur sa page Facebook. Son ami Aziz attire son attention sur les risques qu'il court.

DOCUMENT 3 : Sarahah

Les créateurs de l'application qui ne compte pas moins de dix-huit millions d'utilisateurs à travers le monde semblent peu sensibles au respect de la vie privée.

C'est l'une des applications les plus téléchargées dans le monde depuis le mois de juillet. Sarahah, une appli venue du Moyen-Orient, permet d'envoyer des messages anonymes à ses amis. Celle-ci compte aujourd'hui à travers le monde dix-huit millions d'utilisateurs... dont elle ne semble pas beaucoup protéger les données personnelles.

Une enquête publiée sur *The Intercept* raconte ainsi comment Sarahah collecte des données à partir des smartphones de ses utilisateurs. C'est un expert en sécurité informatique, un dénommé Zachary Julian, qui a découvert cela. Sur son propre téléphone, qui fonctionne sous Android 5.1.1, il s'est rendu compte de ceci : « dès lors que vous vous connectez dans l'application, elle transmet toutes vos adresses mail et vos contacts sauvegardés dans le carnet d'adresses ».

Sur Twitter, le créateur de l'application, Zain al-Abidin Tawfiqn a répondu qu'il s'agissait d'une simple erreur, et que cette fonctionnalité serait bientôt supprimée.

Perrine Signoret, http://lexpansion.lexpress.fr, 29 août 2017.

DOCUMENT 4 : Réseaux sociaux

Il existe aujourd'hui une tendance sociologique forte à « l'exposition volontaire de soi et d'autrui », notamment par l'utilisation de blogs ou des réseaux sociaux. Ces nouvelles formes de sociabilité sont tout particulièrement risquées pour les jeunes générations qui ne prennent pas conscience de la visibilité et de la pérennité de leurs propos ainsi étalés et qui privilégient le plaisir instantané de l'échange. Ce passage de la vie privée à la vie publique est de surcroît facilité par « la puissance des moteurs de recherche permettant de rendre accessible, d'un seul clic, toute information sur la personne, consciencieusement "archivée" dans les multiples "rayonnages" des divers médias de la Toile ».

Droit et grands enjeux du monde contemporain, La Documentation française.

7. Aziz a-t-il raison de mettre en garde son ami Olivier ? Pourquoi ?

8. Expliquez les termes « visibilité », « pérennité ».

2. LA PROTECTION DES DONNÉES À CARACTÈRE PERSONNEL

A. Les obligations des responsables de fichiers

Olivier Chapiat fait régulièrement des achats sur le site Cdiscount. Il vient de lire dans la presse que ce site avait fait l'objet d'un avertissement et se demande si ses coordonnées bancaires n'avaient pas été communiquées à des tiers non autorisés.

DOCUMENT 5 : Avertissement

Le 19 octobre, la CNIL (Commission nationale de l'informatique et des libertés) avait sanctionné, sous la forme d'un « avertissement public » Cdiscount (groupe Casino) pour défaut de sécurité de données bancaires et l'avait mis en demeure pour d'autres « manquements graves ». Cdiscount avait conservé plus de 4 000 données bancaires, [...] de façon non sécurisée, avait alors indiqué l'organisme.
Ces informations issues de l'activité de vente par téléphone de Cdiscount étaient conservées en clair dans un champ de commentaires de sa base de données, ce qui les rendait potentiellement accessibles à des prestataires externes. La société a aussi conservé plusieurs millions de comptes d'anciens clients et prospects pendant une durée excessive. [...]
Depuis, les courriers de réponse de la société Cdiscount ont permis de démontrer que les manquements relevés avaient tous cessé.

www.lefigaro, 4 mai 2017.

DOCUMENT 6 : Obligations

Obligations concernant la collecte
Le consentement de la personne dont les données sont collectées doit être recueilli pour utiliser une information l'identifiant. Les données traitées doivent être exactes, complètes et tenues à jour. Hormis certains cas particuliers et limités, il est interdit de collecter des données sensibles (origine ethnique, opinions politiques...).

Finalité des traitements
Un objectif précis doit être prévu pour chaque fichier ou traitement.

Durée de conservation des informations
Les données à caractère personnel ne peuvent être conservées indéfiniment. [...] La durée doit être « raisonnable » en fonction de l'objectif du fichier.

Mesures de sécurité
Tout responsable de traitement de données à caractère personnel doit adopter des mesures de sécurité. Il pourra s'agir notamment de restrictions d'accès aux locaux ou de mots de passe pour accéder aux fichiers, de pare-feu ou de tout autre programme de protection du système d'information.

Confidentialité des données
Seuls sont autorisés à accéder aux données à caractère personnel contenues dans un fichier :
- les destinataires explicitement désignés pour en obtenir régulièrement communication ;
- les « tiers autorisés » comme la police, le fisc...

Information des personnes
Le responsable doit permettre le plein exercice de leurs droits par les personnes concernées. Pour rendre cela possible, il doit communiquer à ces personnes certaines informations comme :
- son identité ;
- la finalité du traitement ;
- l'existence de leurs droits.

Déclaration des fichiers
À partir de mai 2018, la déclaration de fichiers ne sera plus obligatoire. Dans une logique de responsabilisation, les organismes devront mettre en place des mesures de protection appropriées et démontrer cette conformité à tout moment.
Tout manquement à l'une de ces obligations est réprimé pénalement par une peine d'emprisonnement et une amende.

D'après Danièle Véret, Yan Arnaud, http://lentreprise.lexpress.fr.

1. Parmi les obligations énumérées dans le document 6, quelles sont celles qui n'ont pas été respectées par Cdiscount ?

2. Olivier Chapiat a-t-il raison de s'inquiéter de la possible divulgation de ses coordonnées bancaires ? Quelle peut en être la conséquence pour lui ?

3. Cdiscount a-t-il été sanctionné pénalement ? Pourquoi ?

B. Les droits des personnes sur leurs données à caractère personnel

Situation

Olivier Chapiat a constaté qu'il recevait de nombreux mails publicitaires de la part d'un site de vente de parfums sur lequel il avait effectué quelques achats pour son épouse.
Lors de son inscription en ligne, il n'avait en effet pas coché la case « Je refuse de recevoir des publicités ».
De plus, Olivier constate qu'en tapant son nom et son prénom sur Yahoo!, apparaissent des informations qu'il n'a pas envie de rendre publiques et qui pourraient être préjudiciables à sa future promotion professionnelle.

DOCUMENT 7 : Droits

Participer à un concours, demander une carte de fidélité, remplir un formulaire sur Internet, ou simplement poster sur les réseaux sociaux, nous transmettons très souvent des données personnelles à des organismes. Grâce à la loi Informatique et Libertés, vous bénéficiez de droits spécifiques.

Le droit d'accès

Vous pouvez demander directement au responsable d'un fichier s'il détient des informations sur vous (site web, magasin, banque...), et demander à ce que l'on vous communique l'intégralité de ces données. L'exercice du droit d'accès permet de contrôler l'exactitude des données et, au besoin, de les faire rectifier ou effacer.

Le droit de rectification

Vous pouvez demander la rectification des informations inexactes vous concernant. Le droit de rectification complète le droit d'accès. Il permet d'éviter qu'un organisme ne traite ou ne diffuse de fausses informations sur vous.

Les droits d'accès et de rectification ont été facilités par le règlement européen sur la protection des données personnelles entré en application le 25 mai 2018.

Le droit d'opposition

Vous pouvez vous opposer, pour des motifs légitimes, à figurer dans un fichier. En matière de prospection, notamment commerciale, ce droit peut s'exercer sans avoir à justifier d'un motif légitime. Vous pouvez vous opposer à ce que les données vous concernant soient diffusées, transmises ou conservées.
Concrètement, le droit d'opposition s'exerce soit au moment de la collecte d'information (en cochant une case « Je refuse ») soit plus tard en s'adressant au responsable du fichier.

Le droit au déréférencement

Vous pouvez saisir les moteurs de recherche de demandes de déréférencement d'une page web associée à votre nom et votre prénom.

DOCUMENT 8 : Le règlement européen sur la protection des données

Le règlement général sur la protection des données (RGPD), entré en application le 25 mai 2018, a non seulement renforcé les droits d'accès, de rectification, d'opposition, de déréférencement qui existaient déjà dans la législation française mais il apporte aussi quelques innovations :

- *La portabilité des données* permet de récupérer les données communiquées à un prestataire. Par exemple si vous souhaitez écouter de la musique depuis Deezer au lieu de Spotify, vous pourrez récupérer vos données pour les mettre à disposition du nouveau prestataire. Ce droit renforce la maîtrise des personnes sur leurs données personnelles.
- *La consécration d'un droit à l'oubli numérique.* Il est désormais possible de demander non seulement le déréférencement d'une page web mais également son effacement si elle porte atteinte à la vie privée.
- *La protection des mineurs est renforcée.* Les services en ligne doivent obtenir le consentement des parents des mineurs de moins de seize ans avant leur inscription.
- *Les sanctions en cas de violation des droits sont renforcées.* L'entreprise responsable encourt une sanction pouvant s'élever à 4 % de son chiffre d'affaires mondial au lieu de 150 000 € jusqu'à présent.
- *La désignation d'un délégué à la protection de données* est obligatoire dans les organismes publics et les organismes qui traitent des données à grande échelle. Il a un rôle de conseil et de sensibilisation sur les obligations mises en place par le règlement.

DOCUMENT 9 : Yahoo.fr

La Cour de justice de l'Union européenne a décidé que les résidents européens étaient en droit de demander le blocage d'URL spécifiques lorsque la page correspondante contient des données personnelles inadéquates, qui ne sont pas ou plus pertinentes ou excessives au regard des finalités pour lesquelles elles ont été collectées ou traitées, ou lorsque des raisons prépondérantes et légitimes justifient le blocage d'une URL spécifique. Les utilisateurs Yahoo! qui sont résidents européens peuvent utiliser un formulaire en ligne pour demander le blocage de l'URL d'une page associée à leur nom et répondant à ces critères.

www.yahoo.fr.

1. Comment Olivier pourra-t-il exercer son droit d'opposition ? De quelle manière pourra-t-il s'assurer que ce droit a bien été respecté ?

....

....

....

2. Comment pourra-t-il exercer son droit au déréférencement ?

....

....

....

3. Le site de vente de parfums a l'intention de vendre son fichier à une entreprise de produits parapharmaceutiques. Est-ce possible sans demander l'avis des personnes fichées ?

....

....

....

C. Le rôle de la CNIL (Commission nationale de l'informatique et des libertés)

Olivier Chapiat est de plus en plus sensibilisé à la protection des données personnelles. Il lit régulièrement dans la presse des condamnations infligées par la CNIL et se renseigne sur le rôle exact de cet organisme.

DOCUMENT 10 : Missions principales de la CNIL

1. Informer/protéger
La CNIL informe les particuliers et les professionnels et répond à leurs demandes. Toute personne peut s'adresser à la CNIL en cas de difficulté dans l'exercice de ses droits.

2. Contrôler et sanctionner
La CNIL s'assure du respect des textes concernant les données à caractère personnel. En cas de manquement, elle peut infliger des sanctions pécuniaires (150 000 €) ou se contenter d'un avertissement.

3. Anticiper
Dans le cadre de son activité d'innovation et de prospective, la CNIL met en place une veille pour détecter et analyser les technologies ou les nouveaux usages pouvant avoir des impacts importants sur la vie privée. Elle dispose d'un laboratoire lui permettant d'expérimenter des produits ou applications innovants. Elle a pour mission de conduire une réflexion sur les problèmes éthiques et les questions de société soulevés par l'évolution des technologies numériques.

www.cnil.fr.

DOCUMENT 11 : Nombreux manquements à la loi Informatique et Libertés

Facebook écope de l'amende maximale. La CNIL a annoncé mardi avoir condamné le réseau social à 150 000 € d'amende, en raison « de nombreux manquements à la loi Informatique et Libertés » dans sa gestion des données des utilisateurs. « Il a notamment été constaté que Facebook procédait à la combinaison massive des données personnelles des internautes à des fins de ciblage publicitaire [...] ».
La sanction de 150 000 € prononcée en France correspond à environ 0,005 % du dernier bénéfice trimestriel de Facebook, soit à peu près l'équivalent de ce qu'il gagne en sept minutes de temps.

Benjamin Ferran, www.lefigaro.fr, 18 mai 2017.

DOCUMENT 12 : En savoir plus sur vous

Quelques mois avant la condamnation de Facebook, le G29 (qui regroupe les CNIL européennes) sommait l'application de messagerie WhatsApp de cesser le partage de ses données à des fins publicitaires et commerciales avec sa maison mère, Facebook. Google avait lui aussi écopé d'une amende de la CNIL de 150 000 € en janvier 2014, pour non-respect de la loi française en la matière. Entre autres motifs, il s'autorisait, sans aucune base légale, à combiner toutes les données qu'il collecte sur les utilisateurs à travers l'ensemble de ses services (Gmail, Google Maps, Youtube, Chrome, etc.).
Ces géants de l'Internet cherchent à en savoir le plus possible sur vous : leurs modèles économiques dépendent quasi exclusivement de la publicité. Et mieux ils vous connaissent, plus la publicité est ciblée, plus elle rapporte.

Que choisir, n° 563, novembre 2017.

DOCUMENT 13 : Fuite de données en ligne

M. et Mme Dumont ont pour projet de créer une chambre d'hôte à la campagne. Pour cela, ils contractent un prêt immobilier et donnent de nombreuses informations personnelles à leur assurance. Pour promouvoir la future chambre d'hôte sur les réseaux sociaux, Madame décide d'indexer la future demeure sur Internet sur la base de son nom de famille. Elle découvre, en tapant ses nom et prénom sur les moteurs de recherche, que des données personnelles relatives à sa demande de prêt ainsi que celles de son mari apparaissent dans la liste des résultats.

Mme Dumont réalise alors que n'importe qui peut savoir où elle vit, quelle est sa date de naissance, quel est le nombre et les montants de ses prêts immobiliers, mais aussi son poids, sa taille et des informations d'ordre médical données pour l'assurance du prêt ! Catastrophé, le couple saisit la CNIL qui déclenche un contrôle dans les locaux de la société. [...]

Compte tenu de la gravité des faits constatés, la CNIL demande immédiatement à la société de rectifier ce paramétrage.

www.cnil.fr.

1. À quelle mission décrite dans le document 10 correspondent les documents 11 à 13 ?

....

....

....

2. Dans les affaires « Facebook » et « Google », quel sera le changement apporté par le règlement européen entré en application le 25 mai 2018 ?

....

....

....

LA PROTECTION DES DONNÉES À CARACTÈRE PERSONNEL

DÉVELOPPEMENT DES TIC ET COLLECTE DE DONNÉES

Constitue une donnée à caractère personnel toute information relative à la personne physique identifiée ou qui peut être identifiée directement ou indirectement.

Le développement des TIC a favorisé la collecte et le traitement des données.

LA PROTECTION DES DONNÉES À CARACTÈRE PERSONNEL

LES OBLIGATIONS DES RESPONSABLES DE FICHIERS

– Recueillir le consentement des personnes fichées.
– Prévoir un objectif précis pour le fichier.
– Prendre des mesures de sécurité.
– Assurer la confidentialité des données.
– Informer les personnes.
– Déclarer les fichiers à la CNIL.

LES DROITS DES PERSONNES SUR LEURS DONNÉES À CARACTÈRE PERSONNEL

– Droit d'accès.
– Droit de rectification.
– Droit d'opposition.
– Droit au déréférencement.

Apports du règlement européen applicable depuis le 25 mai 2018

– Portabilité des données.
– Consécration d'un droit à l'oubli numérique.
– Renforcement de la protection des mineurs.
– Renforcement des sanctions.
– Création d'un délégué à la protection des données.

LE RÔLE DE LA CNIL (Commission nationale de l'informatique et des libertés)

INFORMER les particuliers et les professionnels.

CONTRÔLER l'application de la réglementation et éventuellement **SANCTIONNER**.

ANTICIPER : Rôle de veille concernant les nouvelles technologies pouvant avoir un impact sur la vie privée.

APPLICATION

Objectif BTS

Voir fiches méthodologiques

RÉDIGER UNE NOTE

Vous traiterez le dossier ci-dessous à l'aide de vos connaissances et des documents en annexe

M. et Mme Barguil ont reçu un courrier d'Enedis (ex ERDF) leur annonçant le remplacement de leur compteur d'électricité par un compteur Linky. Ces compteurs communiquent au gestionnaire de réseau Enedis un certain nombre de données personnelles de consommation électrique.

M. et Mme Barguil qui craignaient déjà que les ondes électromagnétiques des nouveaux compteurs présentent des risques pour leur santé, s'interrogent maintenant sur les atteintes possibles à leur vie privée.

Dans une note structurée, vous exposerez les risques que fait courir le compteur Linky en matière de données personnelles ainsi que les réponses qui sont apportées.

ANNEXE 1 : Données personnelles et Linky : la CNIL a rendu son avis

Les 35 millions de nouveaux appareils, qui devront avoir été installés dans leur totalité d'ici 2021, se distinguent bien davantage que par leur seule couleur jaune canari : selon ERDF, ils devraient permettre une gestion plus intelligente et rationalisée de la production d'électricité tout en proposant aux foyers de meilleurs outils pour suivre leur consommation.

La CNIL vient d'ailleurs de lever le tout dernier obstacle juridique à la mise en place de cet outil en délivrant son accord, sous conditions, pour le stockage local de la courbe de charge dans chaque compteur. De quoi s'agit-il ?

La CNIL donne son accord au stockage de la courbe de charge

Sous son appellation à la fois obscure et technique, la « courbe de charge » désigne tout simplement le relevé régulier et automatique de la consommation d'électricité du foyer. Cette fonctionnalité fait partie intégrante des nouveaux services proposés par le compteur intelligent Linky, qui devrait communiquer avec son centre de supervision au moins une fois par jour. Une solution qui évitera bientôt aux clients de relever leur compteur d'électricité eux-mêmes ou de recevoir une facture d'électricité trop élevée en raison d'une surévaluation de leur consommation estimée.

Se pose cependant la question de la gestion de ces données d'un nouveau genre, potentiellement révélatrices de nombreux aspects de notre vie privée. Là était tout l'enjeu du dossier remis par le distributeur d'électricité à la CNIL, laquelle devait notamment se prononcer sur les modalités d'enregistrement, de conservation et de transmission de la courbe de charge.

L'avis de la CNIL rendu en date du 30 novembre 2015 lève un certain nombre de doutes et devrait globalement satisfaire les professionnels du secteur. Il autorise la sauvegarde de la courbe de charge au niveau local (dans le compteur lui-même), pour une durée maximale d'un an. L'autorité a néanmoins prévu un certain nombre de garde-fous.

Sous quelles conditions ?

La CNIL autorise l'enregistrement et la conservation de la courbe de charge par le compteur Linky, sous plusieurs conditions :

• Le stockage de la courbe de charge, par défaut, devra rester strictement local et être sauvegardé à l'intérieur du compteur. Le consentement exprès et écrit du client est requis pour toute transmission de ces informations au système d'information d'ERDF, ou a fortiori à des tiers comme par exemple des fournisseurs d'électricité à des fins de démarchage commercial.

• La courbe de charge est limitée à un relevé par heure au maximum, et son enregistrement ne peut pas être conservé pour une durée glissante supérieure à douze mois.

• Le stockage local de la courbe de charge est activé par défaut dans chaque compteur. Toutefois l'abonné reste libre de s'y opposer en cochant une case spécifique sur son contrat. Il n'a pas à expliquer son choix.

• Même après la signature de son contrat, l'abonné pourra revenir sur sa décision, demander la désactivation du stockage local automatique et même la suppression des données précédemment enregistrées.

La courbe de charge : une atteinte potentielle à la vie privée

La CNIL entoure son avis de nombreuses précautions, et cela non sans raison. Les données brutes issues de la courbe de charge sont en effet nettement moins anodines que beaucoup pourraient le penser. Elles permettent en fait de réaliser de nombreuses déductions sur nos habitudes de vie les plus intimes.

Les variations horaires de consommation dans un foyer peuvent par exemple mettre en évidence l'heure à laquelle les occupants se couchent ou se lèvent, les plages horaires durant lesquelles ils sont présents ou absents du domicile, la durée de leurs vacances, l'accueil temporaire d'un invité, le mode de chauffage, la prise d'une douche… Autant d'informations pour lesquelles de nombreuses sociétés commerciales seraient prêtes à mettre le prix afin de mieux cibler leurs campagnes publicitaires.

www.jechange.fr.

ANNEXE 2 : Les données personnelles

Ce compteur communicant donne libre accès à des données strictement confidentielles, la vie privée se trouve bafouée. Que faites-vous contre cette absence de protection ?

QC : La CNIL s'est emparée de ce problème du recueil de vos données personnelles par les compteurs communicants dès 2012. Elle a strictement encadré leur collecte, jugeant qu'« une analyse approfondie des courbes de consommation pourrait permettre de déduire un grand nombre d'informations sur les habitudes de vie des occupants d'une habitation : heures ou périodes d'absence, la présence d'invités dans le logement, les prises de douches, etc. ». Le compteur Linky mesure en effet l'évolution de votre consommation, jusqu'à toutes les dix minutes. Il s'agit de la courbe de charge en jargon spécialisé. Et elle présente un vrai risque d'intrusion dans votre vie privée. C'est ce que la CNIL a bordé. Enedis n'est pas autorisé à utiliser ces données-là. Il lui est également interdit de les transmettre à des tiers. Vos données de consommation vous appartiennent, rien ne peut se faire sans votre accord… qui doit être explicite. L'UFC-Que Choisir travaille d'ailleurs toujours activement au maintien de cette protection des données personnelles, la réglementation sur le sujet pouvant évoluer. Rien ne change, en revanche, pour les relevés de consommation. Les index mensuels remontent, en principe automatiquement avec Linky. Cependant, ils ne permettent pas plus qu'avant (relevés manuels ou auto-relevés transmis) de connaître vos habitudes.

Que choisir, n° 562, octobre 2017.

6 L'UTILISATION DES TIC[1] DANS L'ENTREPRISE

L'UTILISATION D'INTERNET AU BUREAU EN 2015

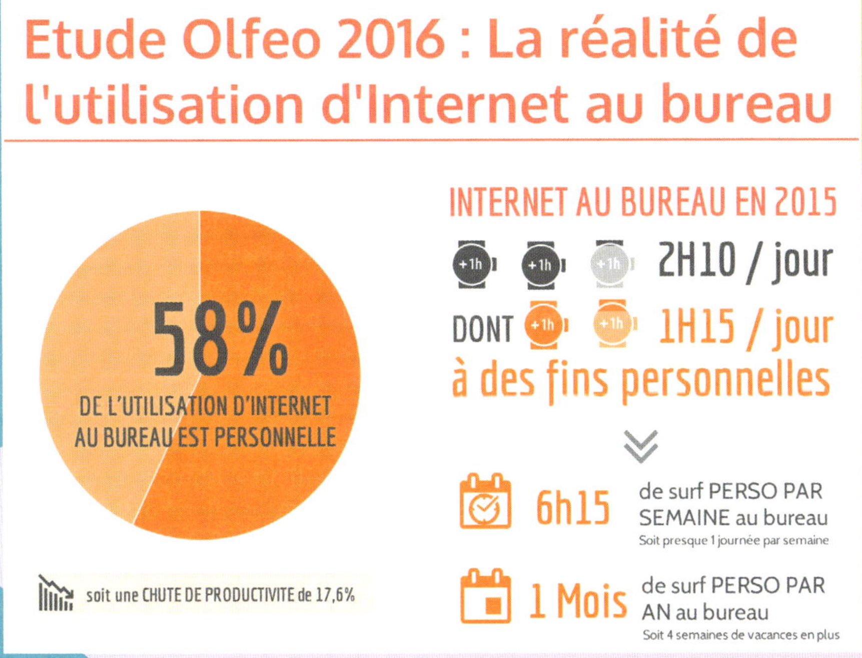

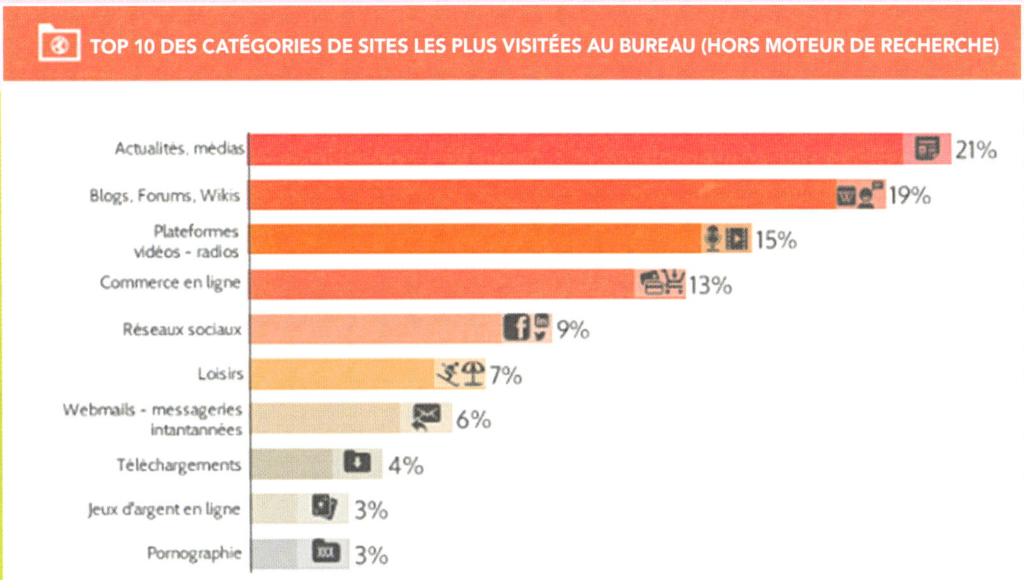

Étude Olfeo 2016 : La réalité de l'utilisation d'Internet au bureau.

1. Quel constat résulte de l'étude Olfeo ?
2. Quelles en sont les conséquences pour l'entreprise ?

1. TIC : Technologies de l'information et de la communication.

1. L'UTILISATION DES TIC PAR LES SALARIÉS

A. Les limites à l'utilisation des TIC par les salariés

Fatima Khebbad est assistante commerciale au service des ventes de la société France Distribution. Elle a pris l'habitude, pendant son temps de travail, de lire et d'adresser ses mails personnels en utilisant l'ordinateur mis à sa disposition par son employeur. Elle s'inquiète tout de même un peu des conséquences possibles : contrôles sur l'ordinateur par son employeur, sanctions…

DOCUMENT 1 : Le contrôle de la messagerie électronique des salariés

Un employé a le droit au respect de sa vie privée et au secret de ses correspondances privées, même au travail.
Un employeur ne peut pas librement consulter les mails personnels de ses employés, même s'il a interdit d'utiliser les outils de l'entreprise à des fins personnelles.
Pour qu'ils soient protégés, les messages personnels doivent être identifiés comme tels, par exemple :
- en précisant dans leur objet « Personnel » ou « Privé » ;
- en les stockant dans un répertoire intitulé « Personnel » ou « Privé ».

L'employeur qui souhaiterait accéder aux mails personnels d'un salarié doit saisir le juge pour obtenir l'intervention d'un huissier en application de l'article 145 du Code de procédure civile. Pour que le juge ordonne une telle mesure d'instruction, il faut que celle-ci soit nécessaire à la protection des droits de l'employeur et que ce dernier justifie d'un motif légitime, tel que la suspicion d'actes de concurrence déloyale. Par ailleurs, l'huissier doit conduire sa mission en présence du salarié ou après que celui-ci a été appelé (cass. soc. 23 mai 2007 ; cass. soc. 10 juin 2008).

CNIL et *RF Social*, n° 137, janvier 2014.

1. Fatima risque-t-elle d'être sanctionnée par son employeur pour l'envoi et la réception de mails personnels sur l'ordinateur mis à sa disposition par son employeur ? À quelles conditions ?

Une collègue de Fatima a utilisé son ordinateur professionnel pour écrire un roman pendant ses heures de travail. Elle a sauvegardé ce travail dans des fichiers Word identifiés « Personnel ».

DOCUMENT 2 : Accès aux fichiers et répertoires créés par un salarié : le contrôle du disque dur

Il a été jugé que les fichiers créés par un salarié grâce à l'outil informatique mis à sa disposition pour l'exécution de son travail sont présumés, sauf si le salarié les identifie comme étant personnels, avoir un caractère professionnel (Cour de cassation, 18 octobre 2006).

Tout fichier qui n'est pas identifié comme « personnel » est réputé être professionnel, de sorte que l'employeur peut y accéder hors la présence du salarié. L'identification d'un dossier par les initiales du salarié ne permet pas de le considérer comme étant personnel (Cour de cassation, 21 octobre 2009), pas plus qu'un fichier intitulé « Mes documents » (Cour de cassation, 10 mai 2012).

En revanche, si un fichier est identifié comme étant personnel, l'employeur ne peut y avoir accès « qu'en présence du salarié ou si celui-ci a été dûment appelé, ou en cas de risque ou événement particulier ». Le salarié ne peut pas s'opposer à un tel accès si ces conditions ont été respectées.

CNIL.

2. La salariée romancière peut-elle être sanctionnée par son employeur ? À quelles conditions ?

....

....

....

....

Situation

Trois ou quatre fois par semaine, il arrive à Fatima de se connecter assez brièvement pendant son temps de travail à des sites internet (Leboncoin, FNAC...) à des fins personnelles...

DOCUMENT 3 : La navigation sur Internet

L'employeur peut fixer, dans le règlement intérieur ou par note de service, les conditions et limites de l'utilisation d'Internet, lesquelles ne constituent pas en elles-mêmes des atteintes à la vie privée des salariés.

L'utilisation d'Internet par les salariés est présumée avoir un caractère professionnel lorsqu'elle se déroule :

- pendant le temps de travail ;
- avec recours à l'ordinateur mis à sa disposition par l'employeur pour l'exécution de son travail.

L'employeur peut procéder en l'absence du salarié à un contrôle de ses connexions. Les règles protectrices applicables aux documents et mails identifiés comme personnels ne valent pas en matière de navigation sur Internet.

La CNIL[1] conseille toutefois de tolérer un usage raisonnable d'Internet sur les lieux de travail.

1. CNIL : Commission nationale informatique et libertés.

CNIL et *RF Social*, n° 137, janvier 2014.

3. Pendant son temps de travail, une salariée naviguait sur de nombreux sites extraprofessionnels : voyages, sorties, commerces, réseaux sociaux, etc. Pour quinze jours de travail, le nombre de ses connexions s'établissait à plus de mille (Cour de cassation, chambre sociale, 26 février 2013). Selon vous, la Cour de cassation a-t-elle pu admettre qu'elle pouvait être sanctionnée ? Pourquoi ?

....

....

4. Fatima risque-t-elle d'être sanctionnée par son employeur pour navigation abusive sur Internet pendant son travail ? Pourquoi ?

....

....

Fatima Khebbad a constaté que dans son entreprise, la société France Distribution, il n'y avait jamais eu d'information des salariés sur la mise en place de modalités de contrôle de l'utilisation des outils informatiques mis à leur disposition pour leur travail.

DOCUMENT 4 : Nécessité d'informer les salariés

Les employés doivent être informés individuellement des dispositifs mis en place et des modalités de contrôle de leur utilisation d'Internet, de leur messagerie et des fichiers enregistrés au moyen des outils informatiques mis à leur disposition pour leur travail. Les représentants du personnel doivent également être informés avant la mise en place de ces dispositifs. Une déclaration précédant leur utilisation doit également être adressée à la CNIL.

CNIL.

5. Quel argument pourraient utiliser les salariés de la société France Distribution si leur employeur voulait les sanctionner pour usage abusif des outils informatiques mis à leur disposition pour leur travail ?

....

....

B. Un encadrement de plus en plus fréquent de l'utilisation des TIC par les salariés : la charte informatique

La directrice du service des ressources humaines de la société France Distribution, Laurine Brossard, envisage très sérieusement de mettre en application une charte informatique dans l'entreprise.

DOCUMENT 5 : La charte informatique

Une entreprise peut mettre en place une charte afin de réglementer l'utilisation des outils informatiques mis à la disposition de ses salariés. Ces règles peuvent notamment concerner l'usage d'Internet au travail ou de la messagerie professionnelle. En cas d'inobservation de ces clauses, le salarié peut s'exposer à des sanctions pouvant parfois aller jusqu'au licenciement.

Définition et rédaction

La charte informatique permet de définir les droits et les obligations des salariés concernant l'utilisa-

tion du matériel informatique de l'entreprise. Elle vise principalement à prévenir ou limiter l'usage abusif des outils mis à la disposition du personnel. En pratique, ces abus concernent le plus souvent :
- l'utilisation de la messagerie professionnelle à des fins privées ;
- la navigation sur des sites internet sans rapport avec le travail du salarié (réseaux sociaux, jeux en ligne, forums de discussions, etc.) ;
- le téléchargement illégal de fichiers *via* la connexion de l'entreprise.

Ainsi, la charte peut, par exemple, prévoir de lister les types de sites sur lesquels les salariés ne pourront pas naviguer, de limiter le nombre ou la taille des pièces jointes pouvant être reçues ou envoyées, d'interdire le téléchargement de certains fichiers ou la transmission d'un code d'accès personnel à d'autres salariés, etc.

Elle peut également informer les salariés des mesures de contrôle et de surveillance mises en place par l'entreprise, qui peuvent notamment comprendre l'intervention d'administrateurs informatiques. La charte peut, en outre, définir l'échelle des sanctions applicables aux violations des règles qu'elle contient.

Dans tous les cas, les obligations prévues par la charte ne doivent pas être disproportionnées par rapport à l'objectif recherché par l'employeur. L'article L. 1121-1 du Code du travail prévoit ainsi que « nul ne peut apporter aux droits des personnes et aux libertés individuelles et collectives de restrictions qui ne seraient pas justifiées par la nature de la tâche à accomplir ni proportionnées au but recherché ».

Conditions de validité

Pour être opposable aux salariés, la mise en place de la charte informatique doit respecter certaines règles. À défaut, elle n'a pas de valeur contraignante pour le personnel :
- intégration de la charte informatique dans le règlement intérieur ou en annexe de ce règlement intérieur ;
- procédure de mise en place : avant son entrée en vigueur, le projet charte informatique doit être soumis à l'avis des représentants du personnel. Elle doit ensuite faire l'objet d'un dépôt au greffe du conseil de prud'hommes et être communiquée à l'inspection du travail. Enfin, les salariés doivent avoir pris connaissance de la charte pour que celle-ci soit opposable.

Daprès www.droit-finances.net, juillet 2015.

1. Quelle est l'utilité d'une charte informatique dans une entreprise ?

....

....

2. Citez trois conditions que doit remplir une charte informatique pour être applicable.

....

....

....

....

....

....

2. L'UTILISATION DES TIC PAR L'EMPLOYEUR

A. Lors du recrutement des salariés

Le frère de Fatima, Abdel, a récemment obtenu son BTS transport et prestations logistiques. Il a répondu à une offre d'emploi proposant un CDD de neuf mois dans une entreprise de transport et a été convoqué à un entretien d'embauche. Au cours de cet entretien, le directeur des ressources humaines de l'entreprise de transport lui a posé de nombreuses questions, pour certaines très centrées sur l'emploi proposé, ses motivations et ses aptitudes professionnelles, pour d'autres plus éloignées du domaine professionnel : pays d'origine de sa famille, connaissances sur les syndicats et leurs activités, intention de se marier tôt ou tard… En fin d'entretien, il a demandé à Abdel si son voyage récent au Sénégal s'était bien passé et s'il avait repris l'entraînement avec son club de football. Abdel, surpris, s'est quelque peu embrouillé en répondant à ces dernières questions sur des informations qu'il n'a pas fournies dans son CV. Elles figurent sur son compte sur un réseau social qu'il alimente régulièrement.
Abdel a demandé à sa sœur Fatima, professionnellement plus expérimentée que lui, ce qu'elle pensait de la légalité de cet entretien d'embauche.

DOCUMENT 6 : Code du travail

Article L. 1221-6 : Les informations demandées, sous quelque forme que ce soit, au candidat à un emploi ne peuvent avoir comme finalité que d'apprécier sa capacité à occuper l'emploi proposé ou ses aptitudes professionnelles. Ces informations doivent présenter un lien direct et nécessaire avec l'emploi proposé ou avec l'évaluation des aptitudes professionnelles. Le candidat est tenu de répondre de bonne foi à ces demandes d'informations.

Article L. 1221-8 : Le candidat à un emploi est expressément informé, préalablement à leur mise en œuvre, des méthodes et techniques d'aide au recrutement utilisées à son égard. Les résultats obtenus sont confidentiels. Les méthodes et techniques d'aide au recrutement ou d'évaluation des candidats à un emploi doivent être pertinentes au regard de la finalité poursuivie.

DOCUMENT 7 : Charte réseaux sociaux, Internet, vie privée et recrutement

Les signataires de la présente charte rappellent que, dans le cadre d'une procédure de recrutement, la sélection des candidats doit reposer uniquement sur les qualifications et les compétences et exclure tout critère d'ordre personnel et privé.
Face à la multiplication et au succès des réseaux sociaux, des blogs et des moteurs de recherche sur Internet qui rendent accessible de manière libre et souvent gratuite un nombre illimité d'informations personnelles sur les candidats, les signataires veulent garantir leur éthique professionnelle et s'engagent à :

1. Limiter le recours aux réseaux personnels, du type Facebook ou Copains d'avant, […] à la seule diffusion d'informations plus particulièrement d'offres d'emploi. […]
2. Privilégier l'utilisation des réseaux professionnels, du type Viadeo ou Linkedin, conçus spécifiquement pour générer des liens professionnels, afin de diffuser des offres, d'entrer en relation avec des candidats et prendre connaissance d'informations publiques sur leur situation professionnelle.
3. Ne pas utiliser les moteurs de recherche ni les réseaux sociaux comme outils d'enquête pour collec-

ter, ou prendre connaissance, d'informations d'ordre personnel, voire intime, même si elles sont rendues accessibles par les utilisateurs eux-mêmes, ce qui serait constitutif d'une intrusion dans leur sphère privée et d'une source potentielle de discrimination.
4. Sensibiliser et former les recruteurs, et toutes les personnes intervenant dans un recrutement, sur la nécessité de ne pas collecter ni tenir compte de telles informations.
Remarque : Le MEDEF, l'APEC, Syntec Conseil en recrutement et plusieurs associations de professionnels de l'emploi ont signé cette charte.

Anne Gallot, Déléguée générale, www.acompetenceegale.com.

1. Vous indiquerez sur quels points cet entretien d'embauche ne respecte pas la loi.

....

....

....

2. Pourquoi l'utilisation du réseau social sur lequel Abdel a un compte est-elle abusive de la part de l'employeur ?

....

....

3. L'employeur peut-il utiliser les réseaux sociaux à des fins de recrutement ? Dans quelles limites ?

....

....

....

B. Lors de l'exécution du contrat de travail

Lors d'une réunion, les représentants du personnel de la société France Distribution ont informé Fatima et ses collègues d'un projet présenté par la direction d'installation de caméras de vidéosurveillance dans les entrepôts et les vestiaires de l'entreprise. Lors de cette réunion, les chauffeurs et les commerciaux itinérants ont également fait part à leurs collègues de leur inquiétude devant l'installation d'un dispositif de géolocalisation dans leurs camions et leurs voitures. Ils craignent d'être sanctionnés par ce moyen à l'occasion de leurs déplacements professionnels.

DOCUMENT 8 : Vidéosurveillance et géolocalisation

Vidéosurveillance

Des caméras peuvent être installées sur un lieu de travail à des fins de sécurité des biens et des personnes, à titre dissuasif ou pour identifier les auteurs de vols, de dégradations ou d'agressions.
Les caméras peuvent être installées au niveau des entrées et sorties des bâtiments, des issues de secours et des voies de circulation. Elles peuvent aussi filmer les zones où de la marchandise ou des biens de valeur sont entreposés.
Elles ne doivent pas filmer les employés sur leur poste de travail, sauf circonstances particulières (employé manipulant de l'argent, par exemple, mais la caméra doit davantage filmer la caisse que le caissier ; entrepôt stockant des biens de valeur au sein duquel travaillent des manutentionnaires).

En effet, sur le lieu de travail comme ailleurs, les employés ont droit au respect de leur vie privée.
Les caméras ne doivent pas non plus filmer les zones de pause et de repos des employés, ni les toilettes.

Géolocalisation
Un dispositif de géolocalisation installé dans un véhicule mis à la disposition d'un employé ne peut pas être utilisé :
- pour contrôler le respect des limitations de vitesse ;
- pour contrôler un employé en permanence.
En particulier, il ne peut pas être utilisé :
- dans le véhicule d'un employé disposant d'une liberté dans l'organisation de ses déplacements (par exemple VRP) ;
- en dehors de son temps de travail, lorsque l'employé est autorisé à utiliser son véhicule à des fins privées. [...]
Les employés peuvent s'opposer à l'installation d'un dispositif de géolocalisation dans leur véhicule professionnel, dès lors que ce dispositif ne respecte pas les conditions légales posées par la CNIL ou d'autres textes.
Les employés doivent avoir accès aux données les concernant enregistrées par l'outil (dates et heures de circulation, trajets effectués, etc.).

Information avant mise en place
Les représentants du personnel et les salariés doivent être informés avant la mise en place de ces dispositifs. Une déclaration préalable doit être effectuée à la CNIL.

CNIL, fiches « Travail et données personnelles ».

1. Le projet d'installation de caméras de vidéosurveillance dans la société France Distribution est-il acceptable ? Pourquoi ?

2. Les chauffeurs et les commerciaux itinérants de la société France Distribution peuvent-ils s'opposer à l'installation d'un dispositif de géolocalisation dans leur véhicule professionnel ? Dans quels cas ?

C. Le droit à la déconnexion des salariés

Situation

Comme la plupart des salariés de la société France Distribution, Fatima se plaint de recevoir des SMS et des mails de son chef de service, lui demandant des informations professionnelles en dehors de ses heures de travail, pendant ses jours de RTT et, même parfois, pendant ses congés payés.

DOCUMENT 9 : Définition et modalités du droit à la déconnexion des salariés

Depuis le 1er janvier 2017, les entreprises doivent mettre en place les modalités permettant à leurs salariés de bénéficier de leur droit à la déconnexion (loi du 8 août 2016, dite loi Travail ou loi El Khomry).
La déconnexion des salariés a pour objectif d'assurer aux salariés le respect de leur temps de repos et congé ainsi que de la vie personnelle et familiale.
Le droit à la déconnexion des salariés doit être mis en œuvre par accord collectif ou, à défaut, par une charte.

1. Droit à la déconnexion par accord collectif
Le droit à la déconnexion du salarié et ses modalités sont désormais intégrés dans la négociation annuelle sur l'égalité professionnelle entre les femmes et les hommes et la qualité de vie au travail (art. L. 2242-8 du Code du travail).
Une négociation doit intervenir entre l'employeur et les partenaires sociaux, quant aux modalités de mise en œuvre de ce droit à déconnexion.
Pour autant, l'employeur n'a pas d'obligation d'aboutir à un accord.

2. À défaut, droit à la déconnexion par une charte
À défaut d'accord collectif d'entreprise, l'employeur devra élaborer une « charte », après avis des représentants du personnel. Or, dans cette seconde hypothèse, l'employeur sera, *in fine*, seul décisionnaire n'étant pas lié par l'avis des représentants du personnel.
Cette charte devra définir les modalités d'exercice du droit à la déconnexion. Elle doit prévoir aussi la mise en œuvre, à destination des salariés et du personnel d'encadrement et de direction, d'actions de formation et de sensibilisation à un usage raisonnable des outils numériques (art. L. 2242-8 du Code du travail).

3. Sanctions en l'absence de négociation ou de charte
Le non-respect de l'obligation de négocier est sanctionné pénalement par un an d'emprisonnement et 3 750 € d'amende (art. L. 2242-8 du Code du travail). Ceci vise à contraindre les employeurs à négocier mais il est peu probable qu'un employeur se retrouve au pénal pour non-respect de l'obligation de négocier de l'article L. 2242-8 du Code du travail.
En revanche, il n'y a pas de sanction en l'absence de charte.
L'article L. 2242-8, 7° du Code du travail rappelle que le droit à déconnexion des salariés doit permettre à ces derniers de concilier la vie personnelle et familiale.
Durant les temps de vie personnelle et familiale, le salarié doit pouvoir être déconnecté des outils numériques.
Comme les accords sur la qualité de vie au travail, le droit à déconnexion est un élément qui concourt à la préservation de la santé au travail des salariés (éviter les risques de surmenage ou *burn-out*).

D'après www.village-justice.com, 22 décembre 2016.

1. Proposez une définition du droit à la déconnexion.

....

2. Quels sont les objectifs du droit à la déconnexion ?

....

....

3. L'application du droit à la déconnexion, telle que prévue par la loi du 8 août 2016, garantit-elle aux salariés de la société France Distribution de ne plus être importunés par des SMS, des mails à contenu professionnel, en dehors de leurs heures de travail ? Pourquoi ?

....

....

DOCUMENT 10 : Harcèlement moral managérial

Un management oppressant consistant dans d'incessants appels téléphoniques ou SMS en particulier en dehors des heures de travail a été jugé comme constitutif de harcèlement moral.
À cet égard, une salariée versait aux débats trois attestations (...), de salariées employées par l'entreprise à la même période que l'intéressée, montrant que la société X a laissé se développer un mode de management appliqué par Madame X, supérieur hiérarchique de l'appelante, consistant notamment en de très nombreux appels téléphoniques hors du temps de travail et en l'envoi de SMS dans les mêmes conditions ; dans cette affaire, la cour d'appel de Paris a fait droit à la salariée à des dommages-intérêts pour harcèlement moral managérial (CA Paris, 20 mars 2014).

D'après Frédéric Chhum, avocat, *Village de la Justice*, 22 décembre 2016.

4. Qu'a décidé la cour d'appel de Paris dans cette affaire ?

....

POUR ALLER PLUS LOIN...

LE RÈGLEMENT GÉNÉRAL DE PROTECTION DES DONNÉES (RGPD)

Depuis mai 2018, en application du règlement général de protection des données (RGPD), adopté par l'Union européenne, les employeurs doivent obtenir le consentement de leurs clients et salariés pour les conditions d'utilisation de leurs données personnelles qui doivent être gérées par un Data Officer ou « délégué à la protection des données ». Un des objectifs du RGPD est de faciliter l'accès des salariés à leur dossier professionnel. Le RGPD donne aux salariés une plus grande maîtrise de leurs données professionnelles, à commencer par un accès facilité par voie électronique.

3. LES TIC ET LES NOUVELLES FORMES D'ORGANISATION DU TRAVAIL : LE TÉLÉTRAVAIL

A. La définition du télétravail et du télétravailleur

Pendant le week-end, Fatima a constaté que l'un de ses enfants était sérieusement malade et ne pourrait aller à l'école pendant la semaine à venir. Elle n'a aucune solution pour le faire garder. Elle peut, en utilisant son ordinateur familial et le téléphone, traiter tous les dossiers de cette semaine à venir à son domicile. Au plus tôt, le lundi matin, elle a contacté la directrice des ressources humaines de la société France Distribution, Laurine Brossard, qui a accepté à condition que leur accord (définition des travaux à effectuer et conditions de leur exécution) fasse l'objet d'un échange de mails. À ce jour, aucun texte n'organise le télétravail à la société France Distribution.

DOCUMENT 11 : Article L. 1222-9 du Code du travail (extraits)[1]

Sans préjudice de l'application, s'il y a lieu, des dispositions du présent code protégeant les travailleurs à domicile, le télétravail désigne toute forme d'organisation du travail dans laquelle un travail qui aurait également pu être exécuté dans les locaux de l'employeur est effectué par un salarié hors de ces locaux de façon volontaire en utilisant les technologies de l'information et de la communication. [...]
En l'absence de charte ou d'accord collectif, lorsque le salarié et l'employeur conviennent de recourir de manière occasionnelle au télétravail, ils formalisent leur accord par tout moyen.
Est qualifié de télétravailleur au sens de la présente section tout salarié de l'entreprise qui effectue, soit dès l'embauche, soit ultérieurement, du télétravail tel que défini au premier alinéa.

1. Version résultant de l'ordonnance réformant le Code du travail du 22 septembre 2017.

1. Soulignez ou surlignez dans le document 11 la définition du télétravail et celle du télétravailleur.

2. L'accord passé entre Fatima et Laurine Brossard pour que Fatima puisse rester travailler à son domicile pendant la semaine où elle doit garder son enfant malade, est-il conforme au Code du travail ? Justifiez votre réponse.

....

....

3. Un employeur peut-il obliger un salarié à adopter le télétravail, si l'entreprise manque de locaux par exemple ? Pourquoi ?

....

B. La mise en place du télétravail dans l'entreprise

Situation

Quelques mois plus tard, un accord collectif est adopté entre les syndicats de salariés et la direction de la société France Distribution sur l'organisation du télétravail dans l'entreprise. Fatima constate que l'emploi qu'elle occupe est éligible pour être effectué en télétravail aux conditions définies par cet accord collectif. Elle a donc décidé de demander à passer en télétravail quatre jours par semaine et à ne venir travailler dans l'entreprise qu'une journée. Elle évitera ainsi, pendant quatre jours, trois heures de trajet quotidien et pourra mieux s'occuper de ses enfants.

DOCUMENT 12 : Article L. 1222-9 du Code du travail (extraits)[1]

Le télétravail est mis en place dans le cadre d'un accord collectif ou, à défaut, dans le cadre d'une charte élaborée par l'employeur après avis du comité social économique, s'il existe.

L'employeur qui refuse d'accorder le bénéfice du télétravail à un salarié qui occupe un poste éligible à un mode d'organisation en télétravail dans les conditions prévues par accord collectif ou, à défaut, par la charte, doit motiver sa réponse.

Le refus d'accepter un poste de télétravailleur n'est pas un motif de rupture du contrat de travail.

L'accord collectif applicable ou, à défaut, la charte élaborée par l'employeur précise :

1. les conditions de passage en télétravail et les conditions de retour à une exécution du contrat de travail sans télétravail ;
2. les modalités d'acceptation par le salarié des conditions de mise en œuvre du télétravail ;
3. les modalités de contrôle du temps de travail ou de régulation de la charge de travail ;
4. la détermination des plages horaires durant lesquelles l'employeur peut habituellement contacter le salarié en télétravail.

1. Version résultant de l'ordonnance réformant le Code du travail du 22 septembre 2017.

DOCUMENT 13 : Mise en place du télétravail

Avant le 24 septembre 2017, le télétravail devait être prévu par le contrat de travail, un accord collectif pouvant en définir les modalités en matière notamment de contrôle du temps de travail.

Désormais, le télétravail peut être mis en place dans le cadre d'un accord collectif ou, à défaut, dans le cadre d'une charte élaborée par l'employeur après avis du comité social et économique (CSE) (c. trav. art. L. 1222-9). Ni l'absence de CSE, ni un avis négatif, n'empêchent donc l'employeur d'adopter une charte relative au télétravail. Avant que le CSE ne soit mis en place dans l'entreprise, l'employeur consulte le comité d'entreprise (ou, à défaut, les délégués du personnel) et, à notre sens, le CHSCT pour les points relevant de son domaine de compétence (exemple : conditions de travail).

Il faut retenir ici que plus aucune référence n'est faite au contrat de travail ou à un avenant au contrat, qui n'est donc plus une formalité obligatoire.

Dans tous les cas, aucune disposition légale ne contraint les employeurs à négocier un accord collectif ou à mettre en place une charte.

http://rfsocial.grouperf.com, 28 septembre 2017.

1. Quel est le texte qui organise le télétravail à la société France Distribution ?

....

2. Le télétravail pourra-t-il être mis en place à la société France Distribution si les représentants du personnel s'y opposent ? Pourquoi ?

....

....

3. Le passage en télétravail de Fatima nécessitera-t-il la rédaction d'un avenant à son contrat de travail ? Pourquoi ?

....

....

4. L'employeur pourra-t-il refuser la demande de Fatima sans lui fournir de raison ? Pourquoi ?

....

....

C. Les droits et obligations du télétravailleur

Situation

Avant d'effectuer sa demande pour passer en télétravail, Fatima veut bien connaître ses droits et obligations en tant que télétravailleuse. Elle a pour cela constitué un petit dossier (documents 12, 14, 15 et 16) et, connaissant vos compétences en la matière, elle vous demande de répondre aux quelques questions suivantes.

DOCUMENT 14 : La prise en charge des coûts liés au télétravail

Légalement, l'employeur n'est plus tenu à l'égard du télétravailleur de prendre en charge tous les coûts découlant directement de l'exercice du télétravail, notamment le coût des matériels, logiciels, abonnements, communications et outils, ainsi que de la maintenance de ceux-ci (c. trav. art. L. 1222-10).

Toutefois, il ressort du rapport joint à l'ordonnance que cette question des coûts doit être abordée par l'accord collectif ou la charte. Ainsi, ceux-ci devraient définir les modalités de prise en charge des coûts découlant directement de l'exercice régulier du télétravail exercé à la demande de l'employeur.

En tout état de cause, pour le télétravail « régulier » à domicile, les employeurs relevant de l'accord national interprofessionnel (ANI) du 19 juillet 2005 sur le télétravail devront continuer à prendre en compte ses dispositions (dont une obligation de prise en charge de certains coûts), sauf à les adapter par accord collectif d'entreprise (principe de primauté).

http://rfsocial.grouperf.com, 28 septembre 2017.

DOCUMENT 15 : Article L. 1222-9 du Code du travail (extrait)[1]

Le télétravailleur a les mêmes droits que le salarié qui exécute son travail dans les locaux de l'entreprise, notamment en ce qui concerne l'accès aux informations syndicales, la participation aux élections professionnelles et l'accès à la formation. […]
L'accident survenu sur le lieu où est exercé le télétravail pendant l'exercice de l'activité professionnelle du télétravailleur est présumé être un accident de travail au sens des dispositions de l'article L. 411-1 du Code de la Sécurité sociale.

1. Version résultant de l'ordonnance réformant le Code du travail du 22 septembre 2017.

DOCUMENT 16 : Accord collectif sur le télétravail applicable à la société France Distribution (extraits)

[…]
Article 4 : La société France Distribution est tenue à l'égard du salarié en télétravail de prendre en charge tous les coûts découlant directement de l'exercice du télétravail, notamment le coût des matériels, logiciels, abonnements, communications et outils ainsi que la maintenance de ceux-ci. […]
Article 7 : Principe de réversibilité
– Le passage du salarié en télétravail peut être temporaire : le salarié peut alors suspendre le télétravail pour une période déterminée, sans délai de prévenance. Cette faculté est également ouverte à l'employeur, sous réserve de respecter un délai de prévenance de quinze jours calendaires.
– Le salarié et l'employeur peuvent aussi mettre fin au télétravail de manière définitive, sans délai de prévenance pour le salarié, moyennant un délai de prévenance de trente jours calendaires pour l'employeur.

1. Quels sont les principaux droits dont bénéficiera Fatima en tant que télétravailleuse ?

2. Citez deux obligations auxquelles est soumis tout télétravailleur (document 12). Ces obligations vous paraissent-elles logiques ? Pourquoi ?

L'UTILISATION DES TIC DANS L'ENTREPRISE

L'UTILISATION DES TIC PAR LES SALARIÉS

LES LIMITES À L'UTILISATION DES TIC PAR LES SALARIÉS

– Un salarié a droit au respect de sa vie privée et au secret de ses correspondances privées, même au travail : les mails identifiés comme personnels ne peuvent être consultés par l'employeur.
– Sous certaines conditions, un salarié ne peut, par contre, s'opposer à l'accès par l'employeur aux fichiers du disque dur de son ordinateur professionnel.
– La navigation à des fins personnelles sur Internet ne doit pas devenir abusive.

UN ENCADREMENT DE PLUS EN PLUS FRÉQUENT DE L'UTILISATION DES TIC PAR LES SALARIÉS : LA CHARTE INFORMATIQUE

Cette charte réglemente l'utilisation des outils informatiques mis à la disposition des salariés par l'employeur.

L'UTILISATION DES TIC PAR L'EMPLOYEUR

LORS DU RECRUTEMENT DES SALARIÉS

Les informations demandées au candidat à un emploi ne peuvent avoir pour finalité que d'apprécier sa capacité à occuper l'emploi proposé ou ses aptitudes professionnelles. Les employeurs ne doivent pas, par exemple, utiliser les réseaux sociaux pour obtenir des informations sur la vie privée des candidats.

LORS DE L'EXÉCUTION DU CONTRAT DE TRAVAIL

– VIDÉOSURVEILLANCE : des caméras peuvent être installées dans l'entreprise à des fins de sécurité des biens et des personnes, mais doivent respecter la vie privée des salariés.
– GÉOLOCALISATION : des dispositifs de géolocalisation peuvent être installés dans les véhicules professionnels, mais en respectant certaines limites.

LE DROIT À LA DÉCONNEXION

Les entreprises doivent mettre en place les modalités permettant à leurs salariés de bénéficier du droit à la déconnexion : l'employeur doit respecter leur temps de repos et de congés, leur vie personnelle et familiale et leur éviter tout surmenage (*burn-out*).

LES TIC ET LES NOUVELLES FORMES D'ORGANISATION DU TRAVAIL : LE TÉLÉTRAVAIL

DÉFINITION

Le télétravail désigne toute forme d'organisation du travail dans laquelle un travail qui aurait également pu être effectué dans les locaux de l'entreprise est effectué par un salarié à son domicile par exemple, **de façon volontaire**, en utilisant les TIC.
Le télétravail peut être organisé de manière permanente ou occasionnelle.

MISE EN PLACE

Le télétravail est mis en place dans le cadre d'un accord collectif, ou, à défaut, dans le cadre d'une charte élaborée par l'employeur, après avis du comité social et économique, s'il existe.
L'employeur qui refuse d'accorder le bénéfice du télétravail à un salarié susceptible d'y recourir doit motiver son refus.

DROITS ET OBLIGATIONS DU TÉLÉTRAVAILLEUR

– **Droits :** prise en charge par l'employeur des coûts liés au télétravail, sous certaines conditions, principe de réversibilité, etc.
– **Obligations :** le télétravailleur doit accepter le contrôle de son temps de travail par l'employeur, la fixation de plages horaires pendant lesquelles l'employeur peut le contacter, etc.

APPLICATION

Objectif BTS

Voir fiches méthodologiques

ANALYSER UNE SITUATION JURIDIQUE

Vous traiterez le dossier ci-dessous à l'aide de vos connaissances et du document en annexe

Benoît Charpentier est employé comme VRP par la Société française de maroquinerie depuis douze ans. Son secteur d'activité couvre les départements de la Manche, du Calvados et de l'Orne. Il a, jusqu'à ce jour, bénéficié d'une certaine autonomie dans la gestion de son temps et l'organisation de son travail, avec d'excellents résultats commerciaux qui lui ont valu d'importantes primes annuelles. Il a toujours fourni un rapport hebdomadaire précis de ses activités, comme l'exigeait son contrat de travail.

Benoît Charpentier vient d'être informé qu'un dispositif de géolocalisation sera installé sur son véhicule de service, comme sur celui de tous les VRP de l'entreprise, ce qui lui paraît inacceptable. Il estime qu'il s'agit là, ni plus ni moins, d'une forme de filature et de contrôle permanent illégal. Il informe aussitôt par mail le directeur des ventes qu'il refuse l'installation de ce dispositif de géolocalisation sur son véhicule de service.

Le directeur des ventes convoque, en conséquence, Benoît Charpentier à un entretien où il lui précise que :
– la déclaration simplifiée nécessaire auprès de la CNIL pour l'installation de ces dispositifs de géolocalisation a bien été effectuée : la CNIL a délivré une autorisation ;
– son refus de laisser installer ce dispositif de géolocalisation sur son véhicule de service est un acte d'insubordination constitutif d'une faute grave susceptible d'entraîner son licenciement.

Vous indiquerez à Benoît Charpentier si son refus de laisser installer un dispositif de géolocalisation sur son véhicule de service est un acte d'insubordination constitutif d'une faute grave susceptible d'entraîner son licenciement.

ANNEXE : Cour de cassation, chambre sociale, 3 novembre 2011

Attendu, selon l'arrêt attaqué (Paris, 24 mars 2010), que M. X., engagé par la société Moreau Incendie à compter du 17 septembre 1993, a travaillé en qualité de vendeur salarié niveau 4 échelon 2 de la convention collective du commerce de gros ; qu'affecté sur un secteur d'activité comprenant les départements de l'Yonne et de l'Aube, le salarié, tenu à un horaire de 35 heures par semaine, était libre de s'organiser, à charge pour lui de respecter le programme fixé et de rédiger un compte-rendu journalier précis et détaillé, lequel, selon le contrat de travail, devait faire la preuve de son activité ; que, le 17 mai 2006, l'employeur a notifié au salarié la mise en place d'un système de géolocalisation sur son véhicule afin de permettre l'amélioration du processus de production par une étude a posteriori de ses déplacements et pour permettre à la direction d'analyser les temps nécessaires à ses déplacements pour une meilleure optimisation des visites effectuées ; que par lettre du 20 août 2007, M. X. a pris acte de la rupture de son contrat de travail en reprochant à son employeur d'avoir calculé sa rémunération sur la base du système de géolocalisation du véhicule ;
Attendu que l'employeur fait grief à l'arrêt de dire que la prise d'acte de la rupture du contrat de travail s'analyse en un licenciement sans cause réelle et sérieuse et de le condamner au paiement de certaines sommes en conséquence ; [...]

Mais attendu, d'abord, que selon l'article L. 1121-1 du Code du travail, nul ne peut apporter aux droits des personnes et aux libertés individuelles et collectives de restriction qui ne seraient pas justifiées par la nature de la tâche à accomplir ni proportionnées au but recherché ; que l'utilisation d'un système de géolocalisation pour assurer le contrôle de la durée du travail, laquelle n'est licite que lorsque ce contrôle ne peut pas être fait par un autre moyen, n'est pas justifiée lorsque le salarié dispose d'une liberté dans l'organisation de son travail ;
Et attendu que la cour d'appel a constaté, d'une part, que selon le contrat de travail, le salarié était libre d'organiser son activité selon un horaire de 35 heures, à charge pour lui de respecter le programme d'activité fixé et de rédiger un compte-rendu journalier précis et détaillé, lequel de convention expresse faisait preuve de l'activité du salarié, et, d'autre part, que le dispositif avait été utilisé à d'autres fins que celles qui avaient été portées à la connaissance du salarié ; qu'elle en a exactement déduit que cette utilisation était illicite et qu'elle constituait un manquement suffisamment grave justifiant la prise d'acte de la rupture du contrat de travail aux torts de l'employeur ;

PAR CES MOTIFS :

REJETTE le pourvoi ;

THÈME 5

L'ENTREPRISE FACE AU RISQUE

7 L'IDENTIFICATION DU RISQUE

Accident mortel du travail

Le 14 mai 2013, dans la matinée, un homme de 28 ans a trouvé la mort sur le chantier du stade de Beaublanc à Limoges, où il était occupé à remblayer la tribune côté sud, pour le compte d'une agence d'intérim, CCB Fusion, elle-même sollicitée par l'entreprise Massy TP. Un tombereau chargé de terre a glissé dans la pente sous laquelle se trouvait justement la mini-pelle conduite par le malheureux, décédé sur le coup.

Le salarié qui conduisait le tombereau aurait dû, s'il avait suivi les consignes de son chef de chantier, conduire la mini-pelle, mais il avait souhaité échanger son poste un moment avec celui de son collègue. Est-ce ce manquement aux consignes qui a noué le drame, et peut-on en faire grief à la société qui les employait ?

C'est à cette question, et bien d'autres, qu'auront à répondre les magistrats, dans leur délibéré, le 15 décembre prochain. Au terme de sept heures d'une audience à laquelle le président de la SAS Massy TP, Pierre Massy, a tenu à se présenter lui-même, il apparaissait bien difficile de se faire une opinion.

Le représentant du ministère public, Bruno Robinet, a d'ailleurs souligné, à l'entame de ses réquisitions, « la vérité judiciaire, donc imparfaite », qui sortirait des débats. « Dans cette affaire, poursuivait-il, il n'y a pas un responsable, mais une conjonction de facteurs. Pourtant, le risque n'était ni imprévisible, ni imprévu. » À quelques mètres de lui, la compagne du salarié mortellement accidenté, tout comme son père, attend pourtant « des réponses ».

www.lepopulaire.fr, 22 novembre 2017.

1. **Sera-t-il facile dans cette affaire d'établir une faute de la part de l'entreprise Massy TP ?**
2. **Si la faute n'est pas établie, pensez-vous que la compagne du salarié et son père pourront néanmoins obtenir des dommages-intérêts ?**

1. LES FONDEMENTS DE LA RESPONSABILITÉ CIVILE : DE LA FAUTE AU RISQUE

A. Le fondement traditionnel de la responsabilité civile : la faute

Situation

Comme chaque samedi, Étienne Blanc fait ses courses dans un hypermarché. Aujourd'hui, il est très pressé. En voulant attraper une boîte de conserve sur un rayon, il bouscule une personne âgée qui tombe lourdement sur le sol et se blesse.

DOCUMENT 1 : Une responsabilité fondée sur la faute

Extraits du Code civil

Article 1240[1] – « Tout fait quelconque de l'homme qui cause à autrui un dommage oblige celui par la faute duquel il est arrivé à le réparer. »

Article 1241 – « Chacun est responsable du dommage qu'il a causé non seulement par son fait, mais encore par sa négligence ou par son imprudence. »

La personne imprudente doit donc réparer le préjudice subi par autrui dans les mêmes conditions que la personne qui a volontairement provoqué un dommage.

Pour que la responsabilité du fait personnel soit retenue, trois éléments doivent être réunis.

a) Une faute : Selon l'article 1240, il s'agit de « tout fait quelconque de l'homme ». Cette expression est très vague. On peut dire qu'il y a faute lorsqu'on ne se comporte pas comme l'aurait fait quelqu'un de normalement prudent.

La faute peut être intentionnelle (délit) ou non intentionnelle (quasi-délit).

Il peut s'agir d'une faute par action (exemple : le fait de blesser quelqu'un) ou par omission (exemple : omission d'un ingrédient allergène sur une étiquette alimentaire).

L'usage abusif d'un droit peut, dans certains cas, constituer une faute. Par exemple, tout le monde a le droit d'agir en justice, mais lorsqu'on poursuit quelqu'un sans fondement réel avec la seule intention de nuire, il y a faute.

b) Un dommage (ou préjudice).

c) Un lien de causalité entre la faute et le dommage.

1. Cet article, sans doute le plus connu du Code civil, portait le numéro 1382 jusqu'au 1er octobre 2016.

DOCUMENT 2 : Faute

Le Code civil ne donne pas de définition de la faute. Les juges estiment qu'il y a faute quand un individu a eu un comportement anormal par rapport à celui qui aurait dû être adopté. Les juges comparent donc le comportement de l'auteur du dommage à celui d'un homme raisonnable.

1. Qualifiez la faute commise par Étienne Blanc.

....

2. Étienne Blanc estime que son comportement n'est pas fautif car « il ne l'a pas fait exprès ». Qu'en pensez-vous ?

....

....

....

3. Quels sont les trois éléments qui doivent être réunis pour que la responsabilité civile du fait personnel soit retenue ? Ces éléments existent-ils dans le cas présent ?

....

....

....

DOCUMENT 3 : Concurrence déloyale

En France, le principe est la liberté de la concurrence. Il est donc tout à fait licite pour un commerçant d'attirer la clientèle d'autrui. Cependant, cette liberté n'est pas totale : la recherche de la clientèle ne doit pas être réalisée au moyen de procédés déloyaux.

Tout procédé déloyal est constitutif d'une faute qui oblige son auteur à réparer le préjudice sous forme de dommages-intérêts.

Il existe plusieurs catégories de comportements déloyaux :

- dans certaines hypothèses, le commerçant imite des produits ou services de ses concurrents pour créer une **confusion** ;
- le **dénigrement** consiste à jeter le discrédit sur ses concurrents en répandant des informations malveillantes sur les produits ou sur les personnes ;
- la **désorganisation** consiste par exemple à débaucher des salariés d'entreprises concurrentes (par exemple, recrutement d'un salarié lié par une clause de non-concurrence) ;
- le **parasitisme** consiste pour une entreprise à tirer profit du travail ou du renom d'un concurrent.

DOCUMENT 4 : Copie d'un site internet par un concurrent

Dans un arrêt du 7 mars 2017, la cour d'appel de Paris a confirmé la condamnation en première instance d'une société ayant plagié le site internet de son concurrent.

En l'espèce, la société Sound Strategy, spécialisée dans la communication sonore d'entreprises, exploite un site internet qui permet à ses clients d'accéder de manière automatisée à des enregistrements sonores dans le cadre de messages vocaux destinés à l'accueil téléphonique.

L'un des deux associés de cette société, actionnaire d'une autre société concurrente dénommée Concepson, a créé un site internet concurrent.

L'actionnaire principal de Sound Strategy a découvert que le site internet de son concurrent présentait de nombreuses similitudes avec le sien. Il a alors porté une action en concurrence déloyale et parasitaire contre Concepson devant le tribunal de commerce de Paris.

Le tribunal a estimé que la société Concepson s'était effectivement rendue coupable d'actes de concurrence déloyale et de parasitisme « en s'inspirant de la valeur économique créée par Sound Strategy ». Le tribunal a ainsi alloué à Sound Strategy la somme de 5 000 € à titre de dommages et intérêts.

www.lexplicite.fr, 14 août 2017.

DOCUMENT 5 : Levothyrox

Le fabricant allemand du Levothyrox a commis au moins trois fautes. « D'abord, nous ne trouvons dans la notice de la nouvelle formule du médicament aucune information pertinente. La comparaison avec les notices fournies aux consommateurs d'autres pays européens, la Belgique par exemple où le médicament pour la thyroïde est fabriqué par un autre laboratoire, est accablante pour Merck », indique Me Léguevaques. « Ensuite, Merck ne pouvait pas ignorer les risques qu'il prenait en changeant la formule de son médicament : la littérature pharmaceutique met d'ailleurs en garde sur l'extrême sensibilité de la lévothyroxine aux excipients auxquels elle est associée. Là encore, la comparaison avec l'exemple belge est édifiante s'agissant du niveau d'information et d'alerte sur les effets secondaires donné aux patients. Enfin, les laboratoires sont contraints de mettre en place un système de pharmacovigilance lorsqu'ils commercialisent un nouveau médicament ou qu'ils modifient la composition de l'un de leurs produits. Très tôt après la mise sur le marché de la nouvelle formule du Levothyrox, Merck a été informé de nombreux cas de complications. Or, de juin à octobre, le laboratoire est resté silencieux », ajoute le défenseur des victimes.

Une indemnité forfaitaire de 10 000 € par demandeur

L'assignation de Me Léguevaques a donc pour vocation de démontrer judiciairement la responsabilité des laboratoires Merck en raison d'un défaut d'information des patients sur les conséquences scientifiquement prévisibles de la substitution d'une nouvelle formule du Levothyrox à son ancienne formule. Il sollicite dans ce cadre, une indemnité forfaitaire de 10 000 € en réparation des préjudices d'angoisse et d'information insuffisante subis par chaque demandeur.

Lionel LAPARADE, www.ladepeche.fr, 24 octobre 2017.

DOCUMENT 6 : Tacle appuyé

Attendu, selon l'arrêt attaqué (Caen, 20 novembre 2012), que M. X. a été blessé au cours d'un match de football par un tacle de M. Y., gardien de but de l'équipe adverse qui était sorti de la surface de réparation ; que le tacle de M. Y. ayant occasionné une fracture du tiers moyen du tibia et du péroné de la jambe gauche de M. X., ce dernier a saisi un tribunal de grande instance d'une action en responsabilité et indemnisation à l'encontre de M. Y., la société Club de l'Étoile sportive d'Isigny dont est membre M. Y. et leur assureur, la société Generali IARD ;
Attendu que l'arrêt retient, par motifs propres et adoptés, que la sanction de tacle par un carton jaune de l'arbitre, avec la seule appréciation large et ambiguë de comportement antisportif ne suffit pas à établir l'existence d'un comportement brutal fautif susceptible d'engager la responsabilité civile du joueur gardien ; que les éléments versés aux débats ne permettent pas de retenir que M. Y. a voulu bloquer M. X. à tout prix parce qu'il s'approchait dangereusement du but et que la violence, la brutalité ou la déloyauté de son geste, sa force disproportionnée ou superflue, ne peuvent être déduites de la seule gravité de ses blessures ; que M. X. ne rapporte pas la preuve d'une faute caractérisée par une violation des règles du jeu ;
Qu'en l'état de ces constatations et énonciations, la cour d'appel a pu décider que la responsabilité de M. Y. n'était pas engagée ; [...]

PAR CES MOTIFS :

REJETTE le pourvoi ; »

4. Après avoir lu les documents 3 à 6, vous compléterez le tableau suivant.

Affaires	Y a-t-il faute ?		Nature de la (des) faute(s) ou justification de l'absence de faute
	Oui	Non	
Document 4			
Document 5			
Document 6			

5. L'existence d'une faute est-elle suffisante pour engager la responsabilité civile d'une personne ?

....

....

B. De la faute au risque

Ce n'est décidément pas le jour de chance d'Étienne Blanc. En prenant l'escalator du centre commercial, son lacet de chaussure se coince dans une marche et il chute lourdement. Il a deux doigts cassés et une luxation de l'épaule. L'escalator est conforme aux normes de sécurité et l'entretien a été effectué régulièrement.

DOCUMENT 7 : Article 1242, alinéa 1 du Code civil

« On est responsable non seulement du dommage que l'on cause par son propre fait, mais encore de celui qui est causé par le fait des choses que l'on a sous sa garde. »

DOCUMENT 8 : Responsabilité subjective ou objective

Le fondement de la responsabilité civile délictuelle du fait personnel demeure la faute. Cette responsabilité est dite subjective car elle s'appuie sur le comportement de l'auteur du préjudice. La conséquence pratique est l'obligation faite à la victime de prouver la faute de l'auteur du dommage pour obtenir réparation.
Par contre, la responsabilité civile délictuelle du fait des choses est fondée sur le risque. Elle est dite objective car elle s'appuie non pas sur le comportement de l'auteur du préjudice, mais sur une simple constatation matérielle : est responsable celui qui est à l'origine du dommage. Celui qui tire profit d'une activité (on parle de « risque profit » dans le cas du chef d'entreprise) ou celui qui crée un risque (on parle de « risque créé » dans le cas d'un automobiliste) doit en supporter les conséquences.

1. Le centre commercial dans lequel Étienne Blanc faisait ses courses a-t-il commis une faute ?

....

2. Sa responsabilité sera-t-elle néanmoins engagée ? Sur quelle base ?

....

....

3. Le fait qu'une faute de la part du magasin ne soit pas exigée pour engager sa responsabilité est-elle favorable à Étienne Blanc ? Pourquoi ?

....

....

....

DOCUMENT 9 : La responsabilité objective

À la théorie classique, la faute, s'oppose celle du risque. [...]
L'idée de base est celle-ci : toute activité faisant naître un risque pour autrui rend son auteur responsable du préjudice qu'elle peut causer, sans qu'il y ait à prouver une faute à son origine. La théorie du risque paraît se fonder sur une idée de justice ; par son activité, l'homme peut se procurer un profit (ou, à tout le moins, un plaisir) ; il est juste qu'en contrepartie il répare les dommages qu'elle provoque.
Ainsi, le juge n'a pas à rechercher l'illicéité de l'acte reproché à l'agent. Les questions de responsabilité deviennent de simples questions objectives, qui se réduisent à la recherche d'un rapport de causalité.

Les raisons de l'admission de la responsabilité objective fondée sur le risque

Avec le développement du machinisme et l'avènement de la société industrielle, les appareils et machines de toutes sortes multiplièrent les dommages, en même temps qu'augmentait leur gravité, alors que la victime éprouvait souvent de la difficulté à démontrer la faute qui en serait la cause.
L'évolution des mentalités a eu sa part dans la reconnaissance, par la jurisprudence et par la loi, de la théorie du risque. Quelle évolution ? La valorisation de la personne humaine, se traduisant par une moindre résignation des victimes et, l'accompagnant, une plus grande solidarité face aux malheurs : il n'est plus toléré qu'une victime reste sans recours ni secours à la suite d'un dommage, sous prétexte que son auteur n'est pas identifié ou est insolvable, non seulement lorsque la victime est parfaitement innocente, mais même lorsqu'elle a commis une faute ayant concouru à l'accident.
[...] Enfin, [...], la dernière cause du succès de la théorie du risque réside dans l'extension considérable de l'assurance (aujourd'hui imposée par la loi à près de soixante-dix activités).
Les tribunaux n'hésitent plus à condamner quelqu'un à réparation, même en l'absence d'une véritable faute, sachant, qu'en définitive, il n'en supportera pas le poids.

P. Le Tourneau, L. Cadiet, *La responsabilité civile*, Dalloz.

4. Quel est le fondement sur lequel repose la théorie du risque ?

....

5. Quelles sont les trois raisons qui expliquent le développement de la théorie du risque ?

....

....

....

....

C. Des lois concernant des risques spécifiques

Situation

Georges Leroy est encore sous le choc. Alors qu'il travaillait dans l'unité de tôlerie de son usine, une presse hydraulique a explosé. Les débris de la machine sont partis dans tous les sens et les projections ont blessé quatre ouvriers. Georges s'en tire avec quelques plaies au bras droit. La machine avait pourtant été révisée récemment et respectait toutes les normes de sécurité.

DOCUMENT 10 : De la faute au risque professionnel

La loi d'avril 1898 sur les accidents du travail [...] ouvre [...] la voie à un système d'assurance pour les salariés, cette foule de non-possédants qui grandit au sein de la société industrielle. Jusqu'alors, les accidents du travail relevaient du Code civil de 1804, plus précisément de son article 1382[1] : « Tout fait quelconque de l'homme qui cause à autrui un dommage oblige celui par la faute duquel il est arrivé à le réparer. » Au salarié accidenté de prouver devant les tribunaux la faute du patron pour espérer une indemnité. Mais cela s'avérait bien difficile ! D'où le dépôt d'un projet de loi. [...]

La loi sur les accidents du travail votée en avril 1898 [...] n'est plus fondée sur la notion de faute, mais sur celle de risque professionnel. Elle rend le patron juridiquement – mais non moralement – responsable de l'accident, donne à l'ouvrier la certitude d'une indemnisation forfaitaire suivant le degré d'incapacité, fixe les procédures d'expertise et laisse aux entreprises le soin de s'assurer ou non comme bon leur semble.

1. Aujourd'hui article 1240.

www.alternatives-economiques.fr.

DOCUMENT 11 : Accident du travail

Selon le Code de la sécurité sociale (article L. 411-1), l'accident de travail doit être survenu par le fait ou à l'occasion du travail. Il peut concerner toute personne salariée ou travaillant, à quelque titre ou en quelque lieu que ce soit, pour un ou plusieurs employeurs ou chefs d'entreprise.

Les tribunaux considèrent que le salarié est victime d'un accident du travail lorsque l'événement s'inscrit dans le cadre de l'exécution du contrat de travail, à un moment et dans un lieu où le salarié se trouve sous le contrôle et l'autorité de son employeur. Il n'est donc pas nécessaire que l'accident ait lieu dans l'entreprise, un accident survenu lors d'un déplacement professionnel sera considéré comme accident du travail.

1. Si l'accident de Georges Leroy avait eu lieu avant la loi de 1898 sur les accidents du travail, aurait-il obtenu facilement une indemnité ? Pourquoi ?

2. Quel est l'apport important de la loi de 1898 concernant la responsabilité de l'employeur ?

3. Quel est le rôle de l'assurance ?

DOCUMENT 12 : Responsabilité du fait des produits défectueux[1]

Une loi du 19 mai 1998 prévoit que tout producteur est responsable du dommage causé par un défaut de son produit. Il s'agit d'une responsabilité sans faute puisque l'article 1245-9 du Code civil dispose « le producteur peut être responsable du défaut alors même que le produit a été fabriqué dans le respect des règles de l'art ou de normes existantes ou qu'il a fait l'objet d'une autorisation administrative ».

1. Ce point sera approfondi dans le chapitre 11.

4. Quel est le point commun entre la responsabilité du chef d'entreprise en matière d'accident du travail et la responsabilité du producteur du fait des produits défectueux ?

5. Comment peut-on expliquer la création de régimes spéciaux de responsabilité ?

2. LA COLLECTIVISATION DE LA RESPONSABILITÉ

Situation

Jean-Philippe Léaud roule prudemment sur une route départementale. La neige tombe depuis deux heures et la chaussée devient glissante. Malgré sa vitesse réduite, Jean-Philippe ne peut éviter un dérapage dans un virage. Sa voiture vient heurter une camionnette qui était bloquée de l'autre côté de la route. Les deux véhicules ont leurs pare-chocs avant et leurs calandres enfoncés.

DOCUMENT 13 : La collectivisation

L'assurance de responsabilité est apparue au XIXe siècle, sans doute parce que le domaine de la responsabilité s'étendait. Une loi du 13 juillet 1930 l'a réglementée. Lorsque les risques de devoir payer des dommages et intérêts s'accroissent, il est prudent de se garantir en payant des primes d'assurance. Cette technique permet de décharger le responsable d'un dommage de la réparation et de répartir le coût de l'indemnisation entre tous les assurés. Elle a conduit à l'extension de la responsabilité, car si une personne est assurée, les juges hésitent moins à la déclarer responsable lorsqu'elle n'a pas commis de faute.

• **Les avantages de la collectivisation**
Elle assure une égale sécurité à tous. Elle renforce la solidarité. Elle donne le sentiment que l'on est à l'abri du sort. Elle donne l'impression d'être gratuite (il suffit de penser à l'expression « c'est l'assurance qui paiera »). Cette impression est cependant une illusion.

• **Les inconvénients sont nombreux.** Il y a des fraudes et des frais importants de répartition. L'assurance d'une voiture coûte cher. Par ailleurs, il y a un risque moral de déresponsabilisation : puisque l'assurance peut intervenir, on peut être négligent. Ces comportements expliquent que pour limiter les accidents de la route, les juges ont recours à des sanctions pénales importantes.

E. Jeuland, *Droit des obligations*, Montchrestien.

1. Dans l'accident survenu à Jean-Philippe Léaud, quel va être le rôle de l'assurance ?

....

....

....

2. Pour quelle raison parle-t-on de collectivisation de la responsabilité ?

....

....

....

3. Quel a été la conséquence du développement de l'assurance sur la responsabilité ?

....

....

....

4. Expliquez en quoi la « gratuité de l'assurance » est une illusion.

....

....

....

5. Quel est le principal avantage de la collectivisation de la responsabilité ? Quels sont ses inconvénients ?

....

....

....

....

....

L'IDENTIFICATION DU RISQUE

LES FONDEMENTS DE LA RESPONSABILITÉ CIVILE : DE LA FAUTE AU RISQUE

RESPONSABILITÉ POUR FAUTE
(Article 1240 du Code civil) La faute est un comportement que n'aurait pas eu une personne normalement prudente.

↓

Responsabilité subjective
Fondée sur le comportement de l'auteur du dommage.

↓

Obligation faite à la victime de prouver une faute pour obtenir réparation.

RESPONSABILITÉ POUR RISQUE
=
Responsabilité sans faute
=
Responsabilité objective

↓

Est responsable celui qui est à l'origine du dommage même s'il n'a pas commis de faute.

↓

Exemples de responsabilité sans faute :
– responsabilité du fait des choses (article 1242-1 du Code civil),
– régimes spéciaux : accidents du travail, responsabilité du producteur du fait des produits défectueux.

↓

Trois raisons expliquent le développement de la responsabilité pour risque :
– le développement du machinisme,
– la volonté de protéger les victimes,
– l'extension de l'assurance.

LA COLLECTIVISATION DE LA RESPONSABILITÉ

↓

La collectivisation se traduit par l'extension des assurances de responsabilité qui permettent de répartir le coût de l'indemnisation entre tous les assurés.

Avantage de la collectivisation de la responsabilité :
Égale sécurité pour tous.

Inconvénients de la collectivisation de la responsabilité :
– coût élevé de l'assurance,
– risque de déresponsabilisation.

APPLICATION

Objectif BTS

Voir fiches méthodologiques

ANALYSER UNE SITUATION JURIDIQUE

Vous traiterez le dossier ci-dessous à l'aide de vos connaissances et du document en annexe

Michel Beaufort est salarié de l'entreprise Les stores toulousains. Aujourd'hui, il a été appelé pour changer un volet roulant chez Lætitia Lafleur.

L'opération s'effectue sans encombre jusqu'au moment où, perdant l'équilibre, Michel Beaufort tombe de son escabeau. Ce dernier vient heurter le téléviseur dont l'écran est brisé.

Michel Beaufort est désolé mais estime qu'il n'a pas commis de faute. Lætitia se demande si elle devra payer les dégâts.

Vous indiquerez à Lætitia Lafleur, en justifiant votre réponse, qui est responsable de ce dommage et quel est le fondement juridique de cette responsabilité.

ANNEXE 1 : Extraits du Code civil

Article 1240 – Tout fait quelconque de l'homme qui cause à autrui un dommage oblige celui par la faute duquel il est arrivé à le réparer.

Article 1241 – Chacun est responsable du dommage qu'il a causé non seulement par son fait, mais encore par la négligence ou par son imprudence.

Article 1242 – On est responsable non seulement du dommage que l'on cause par son propre fait, mais encore de celui qui est causé par le fait des personnes dont on doit répondre ou des choses que l'on a sous sa garde. […]
Le père et la mère, en tant qu'ils exercent l'autorité parentale, sont solidairement responsables du dommage causé par leurs enfants mineurs habitant avec eux.
Les maîtres et les commettants, du dommage causé par leurs domestiques et préposés dans les fonctions auxquelles ils les ont employés.
Les instituteurs et les artisans, du dommage causé par leurs élèves et apprentis pendant le temps qu'ils sont sous leur surveillance. […]

Article 1243 – Le propriétaire d'un animal, ou celui qui s'en sert, pendant qu'il est à son usage est responsable du dommage que l'animal a causé, soit que l'animal fût sous sa garde, soit qu'il fût égaré ou échappé.

Article 1244 – Le propriétaire d'un bâtiment est responsable du dommage causé par sa ruine, lorsqu'elle est arrivée par une suite du défaut d'entretien ou par le vice de sa construction.

Article 1245 – Le producteur est responsable du dommage causé par un défaut de son produit, qu'il soit ou non lié par un contrat avec la victime.

ANNEXE 2 : Le fait générateur de responsabilité

Le fait générateur de responsabilité est l'acte reconnu comme illicite par le droit et dont l'accomplissement déclenche le devoir d'en réparer les conséquences préjudiciables. Il existe trois grands faits générateurs de responsabilité. […]

Ce sont la faute (art. 1240 et 1241 du Code civil), le fait des choses que l'on a sous sa garde (art. 1242, al. 1er, et 1243) et le fait d'autrui (art. 1242).

La faute peut être définie comme le manquement à une norme de conduite. Commet une faute (au sens de la responsabilité civile), celui qui s'écarte de la règle de conduite posée par un texte législatif ou réglementaire précis ou bien encore par une norme générale de comportement non écrite. […]

La faute, en droit de la responsabilité civile, est constituée quand bien même l'auteur de l'acte était sans intention de nuire à la victime. Elle l'est même quand cet auteur n'avait pas conscience du caractère nuisible de l'acte. C'est pourquoi un enfant en bas âge, privé de toute faculté de discernement, peut être fautif. […]

Le fait des choses désigne l'action, ou plus généralement l'intervention dommageable de choses (animaux ou choses inanimées). Cette intervention dans la réalisation du dommage rend le « gardien » de la chose responsable sous certaines conditions, parmi lesquelles ne figure pas l'existence d'une faute. Par exemple, la survenance d'une blessure provoquée par l'effondrement d'un échafaudage peut rendre le gardien de l'échafaudage responsable, alors même que ce dernier a adopté un comportement prudent et diligent.

Le gardien est en principe le propriétaire de la chose. Mais si ce dernier prouve qu'il a transmis les pouvoirs d'usage, de contrôle et de direction de la chose à un tiers qui les exerce en toute indépendance, c'est ce tiers qui sera considéré comme le gardien. Il suit de là que le salarié, qui utilise une chose pour les besoins de la mission qui lui a été confiée, ne peut être regardé comme le gardien, faute de pouvoir exercer les pouvoirs matériels sur la chose en toute indépendance. […]

Le fait d'autrui désigne l'action ou plus généralement l'intervention dommageable d'une personne. Cette intervention dans la production du dommage peut rendre une autre personne responsable, sous certaines conditions, parmi lesquelles ne figure en principe pas l'existence d'une faute. Par exemple, le dommage causé par un salarié dans l'accomplissement de sa mission rend son employeur civilement responsable, quand bien même cet employeur aurait exercé un contrôle vigilant dans le choix ou le suivi du salarié.

Le Code civil réglemente plusieurs cas spéciaux de responsabilité du fait d'autrui. Pour s'en tenir aux principaux, les parents sont responsables des dommages causés par leurs enfants mineurs habitant avec eux ; les commettants (ceux qui exercent un pouvoir d'autorité dans l'organisation du travail d'autrui, par exemple un employeur) sont responsables des dommages causés par leurs préposés (ceux qui sont soumis à cette autorité, par exemple un salarié).

Droit et grands enjeux du monde contemporain, La Documentation française.

8 LE PRINCIPE DE PRÉVENTION

Mal-être au travail chez Renault

Burn-out, dépressions, stress et des salariés qui mettent fin à leurs jours... Dix ans après la vague de suicides qui avait défrayé la chronique, avec trois suicides d'octobre 2006 à février 2007 au Technocentre de Guyancourt (Yvelines), le quotidien de certains employés de Renault semble toujours aussi pénible.

Selon notre décompte réalisé avec des syndicats sur quatre des onze sites du constructeur en France (Cléon, Douai, Sandouville, Le Mans), au moins dix suicides et six tentatives liés aux conditions de travail ont eu lieu entre 2013 et 2017.

Le dernier cas connu remonte au 3 avril à Sandouville (Seine-Maritime), où un père de famille d'une quarantaine d'années a tenté de se pendre dans un atelier. Il portait autour du cou une pancarte où il avait inscrit les noms de ses chefs d'atelier avec cette mention : ils « m'ont tué ».

Pour le seul site de Cléon, spécialisé dans la fabrication de moteurs, dix suicides ou tentatives ont été recensés. Le 22 avril 2013, un employé de 35 ans, père de deux enfants, s'y est pendu laissant une lettre disant : « Tu expliqueras ça à mes filles Carlos », le prénom de Ghosn, le PDG de Renault.

Rien qu'en 2016, Cléon, qui emploie 5 000 personnes a vécu, selon les syndicats, quatre suicides ou tentatives parmi les CDI. Les syndicats pointent la pression de l'encadrement accentuée par l'accord de compétitivité de 2013 et le recours abusif aux intérimaires qui sont « exploités ». [...]

Course à la compétitivité

Dans l'usine de Maubeuge (Nord), où aucun suicide n'est à déplorer, SUD a déclenché une alerte psychosociale au début de l'été : « Les *burn-out* se multiplient à cause de cette course à l'hypercompétitivité, dénonce Samuel Beauvois, délégué syndical chez SUD. Si rien n'est fait, dans un an on aura une vague de suicides. »

Plusieurs rapports 2016 de la médecine du travail de Renault, que nous avons pu consulter, se montrent inquiets. Au Technocentre, avec ses 9 600 personnes, 136 *burn-out* ont été recensés en 2016. « Malgré les embauches récentes et leur signal positif, la charge de travail reste très élevée dans de nombreux secteurs, et ce depuis plusieurs années, écrit un médecin. La résistance physique et psychique des salariés s'en trouve diminuée et des cas d'épuisements professionnels font jour également dans des secteurs jusque-là épargnés. »

Erwan Benezet et Vincent Verier, *Le Parisien/Aujourd'hui en France*, 25 juillet 2017.

1. Comment se manifeste le mal-être au travail des salariés de Renault ?
2. Quelles sont les causes de ce mal-être ?
3. La direction de Renault aurait-elle pu éviter ces « problèmes » ? De quelle manière ?

1. LE PRINCIPE DE PRÉVENTION

Situation

La Société Mécanique du Centre (SMC) est spécialisée dans l'emboutissage de pièces métalliques pour les industries automobile et aéronautique. Antoine Barrau, professeur d'économie et gestion en classe de BTS, a obtenu la possibilité de visiter les ateliers de cette entreprise avec ses étudiants. Il leur a, au préalable, demandé de noter tout ce qui les surprendrait. La plupart des étudiants ont, tout d'abord, relevé le niveau élevé de bruit dans ces ateliers qui leur a paru difficile à supporter pendant toute une journée de travail. Ils ont remarqué que de nombreux ouvriers ne portaient ni casques, ni bouchons d'oreilles. Le sol des ateliers leur a paru mal entretenu : taches d'huile près des machines. Un étudiant a d'ailleurs failli glisser sur l'une de ces taches. Ils ont pu interroger quelques salariés qui leur ont confié ne pas utiliser les dispositifs de protection des mains et des avant-bras dont sont équipées les machines à emboutir. Ces dispositifs constituent pour eux une gêne dans leur travail. Enfin, certains salariés travaillent dans des positions peu confortables, en particulier pour leur dos.

DOCUMENT 1 : La notion de prévention

La prévention suppose, pour être déployée, que le risque est déjà identifié. Selon le principe de prévention, il est nécessaire d'éviter ou de réduire les dommages liés aux risques avérés d'atteinte à l'environnement, à la santé… La prévention consiste à prendre les mesures nécessaires à la non-survenance d'un risque prévisible, ou en tout cas, probabilisable. La notion d'anticipation est au cœur de ce principe, car elle permet de prendre les mesures qui éviteront ou réduiront les risques.

Le principe de prévention s'applique aux risques environnementaux et technologiques, mais également dans le cadre de la prévention de la santé au travail.

Éviter les risques à la source, c'est supprimer le danger ou l'exposition au danger. Combattre les risques à la source, c'est intégrer la prévention le plus en amont possible, notamment dès la conception des lieux de travail, des équipements ou des modes opératoires.

1. Rappelez la définition d'un risque.

2. Quelle différence y a-t-il entre un risque prévisible et un risque probabilisable ?

3. Quels sont les risques relevés par les étudiants de BTS dans les ateliers de la SMC ?

4. En quoi consiste le principe de prévention et dans quels domaines s'applique-t-il ?

....

....

....

....

5. Proposez les actions à mettre en œuvre pour éradiquer ou réduire ces risques dans les ateliers de la SMC.

....

....

....

2. LA PRÉVENTION DES RISQUES ENVIRONNEMENTAUX ET TECHNOLOGIQUES

À la suite de la visite de la Société Mécanique du Centre, Antoine Barrau a recherché des documents pour sensibiliser ses étudiants à l'importance de la prévention des risques environnementaux et technologiques. Il a sélectionné les deux documents suivants. Vous répondrez également aux questions posées aux étudiants sur ces documents.

DOCUMENT 2 : Fuite d'acide chlorhydrique à la Verrerie Aurys

Mardi soir, une fuite a nécessité l'intervention des pompiers à la Verrerie Aurys. « Le personnel en poste a détecté un incident dans la zone technique de traitement des eaux de *process* de fabrication des miroirs sur une cuve d'acide chlorhydrique, dès sa survenue, à 19 h, explique Christophe Brice, directeur de l'établissement. L'alerte a été donnée et la procédure interne de déversement accidentel a été enclenchée à 19 h 15. Le personnel de la zone était évacué et la fuite stoppée immédiatement. » Peu avant 19 h 30, Christophe Brice alertait les services de secours ainsi qu'une société spécialisée dans le pompage de produits chimiques. Le Service départemental d'incendie et de secours (Sdis) déclenchait alors le plan d'intervention prévu pour les établissements à risque.

Pompage de l'acide

« Dix véhicules d'intervention sont arrivés sur les lieux, précise le lieutenant Cédric Palmier, venant de Carentan, Saint-Lô, Saint-Jean-de-Daye et Cherbourg. Dont deux de la cellule mobile d'intervention chimique de Saint-Lô et Cherbourg, et une ambulance avec des infirmiers. Au total trente-cinq sapeurs-pompiers sont intervenus, dont dix spécialisés dans les risques chimiques. Ils étaient tous dirigés par le commandant Thorez, chef du centre de secours de Saint-Lô. »

« Les premiers intervenants ont eu la gorge un peu irritée », explique le commandant Thorez. La fuite s'était produite au pied d'une cuve d'acide placée dans un grand bac de rétention situé à l'extérieur, dans la cour de l'usine. Équipés de scaphandres, les sapeurs-pompiers ont colmaté une brèche au niveau du bac de rétention et neutralisé l'acide répandu sur le sol avec du bicarbonate de soude. Puis l'entreprise La Carentanaise a pu procéder au pompage de l'acide chlorhydrique dans la cuve et le bac de rétention.
Les infirmiers ont examiné six employés incommodés qui ont pu rentrer chez eux. Et, au fur et à mesure de l'intervention, le dispositif de secours a été allégé, pour être totalement levé à 2 h 30, mercredi.
« Les équipes techniques de la Verrerie sont à pied d'œuvre pour identifier les causes et conséquences de cet incident et les autorités compétentes sont associées à cette analyse », précise Christophe Brice.
« Je fais tout à fait confiance à l'entreprise pour apporter une action corrective immédiate », dit le maire, Jean-Pierre Lhonneur, venu sur les lieux vers 21 h.

Ouest-France, 12 mai 2016.

1. Quel accident est survenu à la Verrerie Aurys ?

...

...

2. Quelles ont été les conséquences de cet accident ?

...

...

3. Que doit faire la direction de la Verrerie Aurys pour éviter le risque de voir se renouveler un tel accident ?

...

...

DOCUMENT 3 : Simulation d'une fuite d'acide chlorhydrique à l'usine Euticals

Un exercice de sécurité civile était mené avec les pompiers, les gendarmes et la préfecture ce mercredi 15 avril après-midi à l'usine chimique Euticals de Tonneins.

Sirène, pompiers, gendarmes, préfecture, tout le monde était mobilisé ce mercredi après-midi à l'usine chimique Euticals de Tonneins. Pas de panique, il s'agissait d'un exercice de sécurité civile annoncé pour tester la validité du plan particulier d'intervention de l'établissement (PPI) classé Seveso « seuil O »[1].

Celui-ci fabrique des principes actifs pour le secteur pharmaceutique et emploie quarante personnes.

Nuage toxique

À 14 h 30, l'alerte est donnée. Le scénario de l'exercice est la simulation d'un incident qui « ruine » une cuve d'acide chlorhydrique au sein de l'usine. Un nuage toxique et irritant se forme. Le personnel est aussitôt évacué et deux blessés doivent être secourus par les pompiers qui revêtent leurs combinaisons de protection.

Cinquante pompiers mobilisés

Les gendarmes bouclent le secteur sur 540 m autour du site. Un PC pompiers est installé à l'usine, une cellule de crise activée à la préfecture d'Agen et un PC opérationnel inter services aux services techniques municipaux est placé sous la direction du sous-préfet Frédéric Bovet.

Cinquante pompiers de Tonneins, Marmande, Agen, Cocumont on été mobilisés ainsi que seize gendarmes et cinq policiers municipaux. La simulation s'est achevée à 17 h.

1. Les sites classés Seveso sont des installations industrielles ou commerciales répertoriées comme dangereuses.

Bernard Peyré, www.lerepublicain.net, 15 avril 2015.

4. Quelle est l'utilité de l'exercice de sécurité civile présenté dans le document 3 ?

...

...

3. LA PRÉVENTION DES RISQUES LIÉS À LA SANTÉ DES SALARIÉS

A. L'obligation de sécurité de l'employeur

Situation

Enora Corbel, étudiante dans la classe d'Antoine Barrau, suit un stage à la direction des ressources humaines de la société agroalimentaire Dubonel, spécialisée dans la production des conserves de légumes. L'entreprise Dubonel emploie 380 salariés : 60 dans les services administratifs et commerciaux, 320 dans les ateliers de production. Au printemps et en été, les salariés des ateliers travaillent fréquemment en 3 x 8. Son maître de stage a demandé à Enora Corbel d'étudier l'obligation de sécurité de l'employeur dans la prévention des risques liés à la santé des salariés.

DOCUMENT 4 : Article L. 4121-1 du Code du travail

L'employeur prend les mesures nécessaires pour assurer la sécurité et protéger la santé physique et mentale des travailleurs.
Ces mesures comprennent :
1. Des actions de prévention des risques professionnels ; [...]
2. Des actions d'information et de formation ;
3. La mise en place d'une organisation et de moyens adaptés.

L'employeur veille à l'adaptation de ces mesures pour tenir compte du changement des circonstances et tendre à l'amélioration des situations existantes.

DOCUMENT 5 : Article L. 4121-2 du Code du travail

L'employeur met en œuvre les mesures prévues à l'article L. 4121-1 sur le fondement des principes généraux de prévention suivants :
1. Éviter les risques ;
2. Évaluer les risques qui ne peuvent pas être évités ;
3. Combattre les risques à la source ;
4. Adapter le travail à l'homme, en particulier en ce qui concerne la conception des postes de travail ainsi que le choix des équipements de travail et des méthodes de travail et de production, en vue notamment de limiter le travail monotone et le travail cadencé et de réduire les effets de ceux-ci sur la santé ;
5. Tenir compte de l'état d'évolution de la technique ;
6. Remplacer ce qui est dangereux par ce qui n'est pas dangereux ou par ce qui est moins dangereux ;
7. Planifier la prévention en y intégrant, dans un ensemble cohérent, la technique, l'organisation du travail, les conditions de travail, les relations sociales et l'influence des facteurs ambiants, notamment les risques liés au harcèlement moral et au harcèlement sexuel, tels qu'ils sont définis aux articles L. 1152-1 et L. 1153-1, ainsi que ceux liés aux agissements sexistes définis à l'article L. 1142-1 ;
8. Prendre des mesures de protection collective en leur donnant la priorité sur les mesures de protection individuelle ;
9. Donner les instructions appropriées aux travailleurs.

1. Quelle est la catégorie de salariés la plus exposée à des accidents chez Dubonel ?

2. Les salariés ne sont-ils exposés qu'à des risques d'accidents corporels dans leur travail ? Justifiez votre réponse.

3. Pour quelles raisons la mise en œuvre du principe de précaution est-elle importante dans le cadre de la santé au travail ?

....

....

4. En quoi consiste l'obligation de sécurité de l'employeur ?

....

....

....

DOCUMENT 6 : Le document unique d'évaluation des risques

Évaluer les risques professionnels auxquels sont exposés vos salariés fait partie de vos obligations en tant qu'employeur. Peu importe votre activité ou la taille de votre entreprise, il vous faut faire l'inventaire des risques tant physiques que psychiques qui menacent vos employés. Cet inventaire vous conduira à établir le document unique d'évaluation des risques (DUER). Cette démarche est fastidieuse mais indispensable. Vous pouvez vous faire aider lors de l'élaboration ou de la mise à jour du document par un acteur essentiel en matière de conditions de travail et de prévention : le comité d'hygiène, de sécurité et des conditions de travail (CHSCT)[1]. Ses recommandations pourront vous être utiles.

La loi impose à chaque employeur l'obligation de prendre toutes les mesures nécessaires pour assurer la sécurité de ses salariés et protéger leur santé physique et mentale.

Ces mesures comprennent :

- des actions de prévention des risques professionnels et de la pénibilité au travail ;
- des actions d'information et de formation des travailleurs ;
- la mise en place d'une organisation et de moyens adaptés.

Ainsi, il vous faut établir un inventaire précis des risques professionnels auxquels peuvent être exposés vos salariés. Cette évaluation doit donner lieu à l'élaboration du document unique d'évaluation des risques (DUER).

Ne minimisez pas votre obligation d'établir le document unique d'évaluation des risques car en cas de manquement à celle-ci, vous vous exposez à une amende, majorée en cas de récidive.

Exemples de risques à mentionner dans le DUER :

- risques liés à la manutention des charges,
- risques liés aux vibrations,
- risques de chute,
- risques liés au bruit,
- risques routiers,
- risques liés aux ambiances thermiques,
- risques du travail sur écran,
- risques psychosociaux,
- risques liés aux agents chimiques dangereux,
- risques liés aux contraintes posturales,
- risques liés au travail de nuit ou en équipes successives alternantes.

1. L'ordonnance portant réforme du Code du travail du 22 septembre 2017 a supprimé la CHSCT et l'a remplacé par une commission santé, sécurité et conditions du travail du comité social et économique, instance unique de représentation du personnel.

www.juritravail.com.

5. À partir de combien de salariés une entreprise a-t-elle l'obligation d'établir un DUER ?

....

6. Parmi les risques mentionnés dans le document 6, citez les quatre risques qui, selon vous, peuvent concerner le plus les salariés des ateliers de l'entreprise Dubonel. Vous justifierez oralement vos choix.

....

....

7. Pour quelles raisons le DUER est-il important dans la mise en œuvre de l'obligation de sécurité de l'employeur ?

....

....

B. La prévention des risques psychosociaux

Enora Corbel a, dès le début de son stage, lié des contacts amicaux avec Chloé, une salariée de la direction des ressources humaines de l'entreprise Dubonel. Se sentant en confiance, Chloé lui a fait part de ses problèmes dans l'entreprise. Après avoir travaillé huit ans au service comptabilité, elle a été mutée au service administratif où le responsable a rapidement obtenu qu'elle soit transférée une nouvelle fois à la direction des ressources humaines. Son supérieur à la direction des ressources humaines lui fournit très peu de travail en lui affirmant qu'elle est incapable d'en faire plus. Il rejette ensuite tout travail qu'elle effectue en considérant le résultat obtenu comme inutilisable. Aussi, Enora n'est-elle pas surprise en apprenant que le médecin de Chloé vient de la placer en arrêt maladie pour soigner une lourde dépression.

DOCUMENT 7 : Comment définir le harcèlement moral ?

Les faits de harcèlement moral sont définis et prohibés aussi bien dans le Code du travail que dans le Code pénal. Chacun d'eux donne la définition de cet agissement et le Code pénal ajoute les sanctions applicables en cas de passage à l'acte.

La définition légale du Code du travail
Le Code du travail interdit tout agissement répété de harcèlement moral entraînant une dégradation des conditions de travail du salarié susceptible[1] :
- de porter atteinte aux droits et à la dignité du salarié ;
- d'altérer sa santé physique ou mentale ;
- de compromettre son avenir professionnel.

Le salarié peut être indemnisé pour l'ensemble des préjudices subis du fait des agissements répétés dont il a été la victime.

La définition juridique du Code pénal
La définition figurant au sein de cet article est sensiblement la même que celle qui existe dans le Code du travail[2] : il s'agit de propos ou comportements répétés ayant pour objet ou pour effet une dégradation des conditions de travail susceptible de porter atteinte aux droits et à la dignité d'une personne, d'altérer la santé physique ou mentale de celle-ci ou de compromettre son avenir professionnel. Ces comportements sont punis de deux ans d'emprisonnement et/ou de 30 000 € d'amende au maximum. L'auteur du harcèlement moral peut être l'employeur ou un collègue de la victime quelle que soit sa position hiérarchique.

1. Article L. 1152-1 du Code du travail.
2. Article 222-33-2 du Code pénal.

Faustine Ménager, www.juritravail.com, 10 juillet 2017.

1. En quoi consiste le harcèlement moral ?

....

....

2. Quelles sont les sanctions applicables en cas de harcèlement moral ?

....

....

DOCUMENT 8 : Les risques psychosociaux

La proportion est impressionnante et préoccupante... Un salarié sur quatre déclare avoir subi au cours de sa carrière un problème psychologique grave, de type dépression ou *burn-out*. [...]
De plus, 53 % des salariés et 68 % des managers déclarent subir un stress régulier dans leur travail, tandis que 71 % des DRH pensent que leurs salariés subissent effectivement un tel stress. [...]
Parmi les personnes déclarant avoir subi un stress régulier, 87 % des salariés et 78 % de managers estiment que ce stress a eu un impact négatif sur leur santé. [...]

Charge de travail

Parmi les causes expliquant cet état de stress régulier figure nettement en première position la charge de travail, pour 64 % des salariés et des managers (voir le graphe ci-dessous). Le deuxième facteur est le manque ou la mauvaise organisation du travail, suivi par le manque de soutien et le sentiment d'isolement, la pression exercée par le manager, les changements incessants au sein de l'entreprise ou du service.

Et les DRH identifient même à 75 % la charge de travail trop importante comme facteur de stress et à 39 % l'organisation du travail.
« Les DRH sont davantage invités à travailler sur ces questions, mais on ne peut pas dire qu'ils soient encore totalement reconnus dans ce rôle. Toutefois, on observe que le sujet de la charge de travail commence à rentrer dans leur définition de poste », remarque Virginie Loye. « Les DRH devront travailler avec les managers sur la charge de travail ainsi que sur le problème de la porosité entre vie privée et vie professionnelle », complète Annick Haegel, manager à Cegos. [...]
Les DRH doivent aussi poursuivre le déploiement d'actions d'amélioration de la qualité de vie au travail (QVT) et de prévention des risques psychosociaux : 59 % d'entre eux affirment avoir initié les premières – 23 % ont une réflexion en cours –, et 57 % les secondes – 29 % déclarent avoir une réflexion en cours.

La charge de travail, principale source de stress

Uniquement avec ceux qui disent « oui, je subis un stress régulier... »

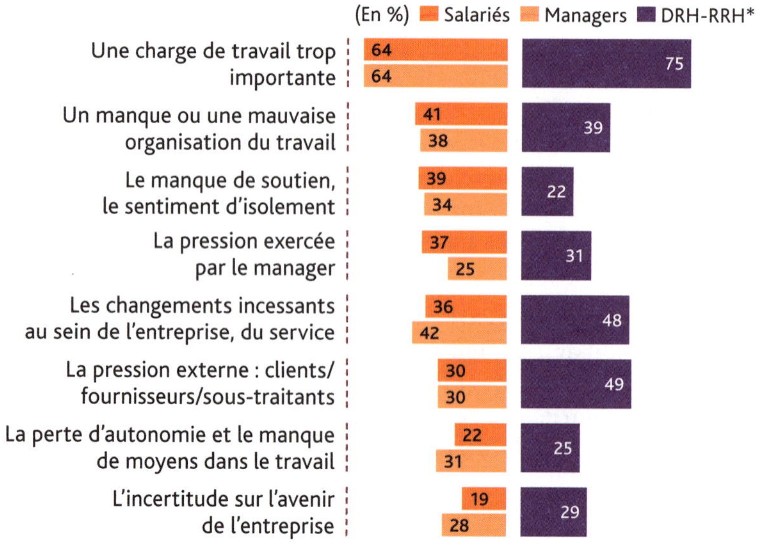

*Les DRH-RRH n'ont pas répondu pour eux-mêmes, on leur a demandé d'imaginer la réponse des salariés.

Source : Baromètre de l'observatoire Cegos, *Climat social dans l'entreprise*, 20 novembre 2014.

Virginie Leblanc, *Entreprise et Carrières*, 25 novembre 2014.

3. En quoi consistent les risques psychosociaux ?

4. Quelles actions peuvent être menées dans une entreprise pour prévenir les risques psychosociaux ?

DOCUMENT 9 : La reconnaissance du « préjudice d'anxiété »

Le verdict est tombé le 5 avril. Seize anciens salariés d'Alstom ont obtenu 8 000 € chacun par le conseil des prud'hommes de Bobigny au titre du « préjudice d'anxiété » lié à leur exposition à l'amiante. Une victoire saluée par leur avocat.

Ils vivent avec la peur panique qu'on leur annonce une maladie liée à leur travail dans un environnement amianté. Une épée de Damoclès qui conditionne désormais leur vie bien qu'ils aient quitté l'usine depuis plus de vingt ans. Pour cette raison, seize anciens salariés Alstom réclamaient chacun une réparation de 15 000 € pour préjudice d'anxiété au tribunal des prud'hommes de Bobigny.

Ce préjudice moral permanent reconnu par la jurisprudence peut être invoqué par les salariés qui ont été exposés au cours de leur carrière à un risque susceptible d'engendrer une maladie, même ultérieurement. C'est le cas d'anciens employés de secteurs polluants ou chimiques.

Ces salariés ont été exposés à l'amiante jusqu'en 1993 dans l'établissement d'Alstom Saint-Ouen. Pour fonder leur demande, ils se réclament notamment de la jurisprudence de la Cour de cassation qui, depuis 2010, reconnaît « un préjudice spécifique d'anxiété » pour les personnes ayant été employées dans un établissement où était fabriquée ou traitée de l'amiante. Leur avocat, Acher Krief (cabinet Michel Ledoux), a plaidé qu'un salarié qui a travaillé dans un établissement recensé par arrêté ministériel comme ayant fabriqué de l'amiante, doit être indemnisé à ce titre.

« On est content que le conseil des prud'hommes ait estimé le préjudice d'anxiété à hauteur de 8 000 €, s'est félicité l'avocat à l'issue du verdict. Alstom est un mastodonte qui ne pouvait ignorer les dangers de l'amiante connus depuis le début du XXe siècle. La réglementation spécifique à l'amiante date de 1977 ; ils avaient parfaitement conscience du risque auquel ils exposaient les salariés... Alstom n'a ni informé ni protégé de manière efficace ses salariés de Saint-Ouen. »

À ce jour, l'association des ex-salariés d'Alstom comptabilise une trentaine de malades et sept décès liés à l'amiante.

Claire Padych, *L'Express-L'Entreprise*, 6 avril 2017.

5. Qu'a décidé le conseil des prud'hommes de Bobigny dans cette affaire ?

6. Quelles mesures de prévention aurait dû prendre l'entreprise Alstom ?

C. Les acteurs de la prévention des risques liés à la santé des salariés

Pour rédiger son mémoire de stage, Enora Corbel a réuni les documents ci-dessous sur les acteurs de la prévention des risques liés à la santé des salariés dans l'entreprise.

DOCUMENT 10 : L'employeur

L'employeur est l'acteur principal de la prévention des risques professionnels dans l'entreprise. Il doit assurer la sécurité et préserver la santé physique et mentale de ses salariés. Pour cela, il s'appuie sur les ressources de l'entreprise :
- les représentants du personnel (membres de la commission santé, sécurité et conditions de travail créée par le comité social et économique),
- l'encadrement, les responsables techniques (les managers ou responsables d'équipes),
- les services de ressources humaines.

D'après www.inrs.fr.

DOCUMENT 11 : Le médecin du travail

Le médecin du travail est le conseiller du chef d'entreprise, des salariés, des représentants du personnel notamment pour l'amélioration des conditions de travail, l'adaptation des postes, l'hygiène, la prévention et l'éducation sanitaire dans le cadre de l'entreprise. Pour remplir cette mission, le médecin du travail conduit des actions sur le milieu de travail et procède à des examens médicaux.
L'article R. 241-41 du Code du travail dispose à cet effet qu'il est notamment le conseiller du chef d'entreprise en ce qui concerne l'adaptation des postes, des techniques et des rythmes de travail à la physiologie humaine et pour ce qui touche la protection des salariés contre l'ensemble des nuisances et les risques d'accidents.

DOCUMENT 12 : La commission santé, sécurité et conditions du travail (CSSCT)

Les ordonnances Travail du 22 septembre 2017 ont remplacé, à compter du 31 décembre 2019, le comité d'hygiène, de sécurité et des conditions de travail (CHSCT) par la commission santé, sécurité et conditions de travail créée par le comité social et économique (CSE). Ce dernier est désormais la seule instance représentative du personnel (fusion des délégués du personnel, du comité d'entreprise et du CHSCT).
Une commission santé, sécurité et conditions de travail doit être créée au sein du CSE :
- dans les entreprises et établissements d'au moins 300 salariés ;
- dans les établissements mentionnés aux articles L. 4521-1 du Code du travail à savoir les sites Seveso[1] et les sites nucléaires ;
- dans les entreprises et établissements de moins de 300 salariés sur décision de l'inspecteur du travail ou par accord d'entreprises ou conclu avec le CSE.

La CSSCT se voit confier, par délégation du CSE toutes les attributions du comité relatives à la santé, à la sécurité et aux conditions de travail. Elle doit contribuer à la protection de la santé et de la sécurité des salariés et à l'amélioration des conditions de travail.
L'employeur ou son représentant préside la CSSCT.

1. Les sites classés Seveso sont des installations industrielles ou commerciales répertoriées comme dangereuses.

D'après *RF Social Cahier juridique*, n° 179, novembre 2017.

DOCUMENT 13 : L'inspection du travail

Un arrêt temporaire d'activité possible pour tous les secteurs

Jusqu'en avril 2016, l'inspection du travail jouait un rôle minime dans la sécurité et la santé des salariés sur leur lieu de travail. Désormais, de nouvelles missions lui ont été attribuées visant à consolider le suivi de chaque employé au sein de l'entreprise. L'inspection du travail est aujourd'hui en mesure, en cas de danger grave et imminent, de prescrire un arrêt temporaire d'activité. Jusqu'en mars 2016, seul le secteur du BTP était concerné par cette procédure. Dorénavant, tous les domaines sont touchés. De plus, les cas justifiant d'un arrêt temporaire ont été complétés, notamment par les risques liés aux travaux réalisés dans l'environnement de lignes électriques aériennes ou souterraines ou liés à l'utilisation d'équipements de travail dépourvus de protecteurs.

Des risques chimiques pris davantage en considération

La deuxième mission de l'inspection du travail concerne les risques chimiques, qui correspondent aux produits dangereux pouvant altérer la sécurité et la santé des salariés : colles, résines, fluides, dégraissants, colorants, peintures... L'instance a la possibilité de procéder à un arrêt d'activité lorsqu'elle estime qu'au moins un salarié est exposé à un risque chimique cancérogène ou toxique. Il peut s'agir d'une exposition trop importante à un agent chimique ou une insuffisance des mesures de protection et de prévention.

Enfin, l'inspection du travail peut également prononcer, sous certaines conditions, une amende à l'encontre des employeurs ayant commis une infraction en termes de sécurité et de santé au travail.

www.medtra.fr.

- D'après les documents 10 à 13, quel est le rôle, en matière de prévention des risques liés à la santé des salariés dans l'entreprise :
  - de l'employeur ? ....
  - de la commission santé, sécurité et conditions de travail du CSE ? ....
  - du médecin du travail ? ....
  - de l'inspection du travail ? ....

D. Le droit d'alerte et le droit de retrait

Situation

Dans un des ateliers de production de l'entreprise Dubonel, les salariés se plaignent depuis plusieurs années de la vétusté et de la dangerosité de plusieurs machines. Un accident grave a été récemment évité grâce au réflexe d'un salarié qui a coupé l'alimentation électrique de l'atelier. Les salariés se demandent ce qu'ils peuvent faire face à l'inertie de l'employeur.

DOCUMENT 14 : Le droit d'alerte et le droit de retrait

Lorsqu'un salarié se trouve dans une situation qui le laisse penser raisonnablement qu'elle présente un danger grave et imminent pour sa vie ou sa santé ou constate une défectuosité dans les systèmes de protection, il doit en alerter le plus rapidement possible son employeur[1].

Lorsqu'il se trouve dans une telle situation, le salarié a tout à fait la possibilité d'exercer son droit de retrait.

Afin de pouvoir utiliser ce droit, il faut que le danger avancé puisse entraîner la mort ou une incapacité permanente ou temporaire.

Il est à noter qu'aucune sanction ne peut être prononcée à l'encontre des salariés, s'ils se sont retirés d'une situation de travail dont ils avaient un motif légitime de penser qu'elle présentait un danger grave et imminent pour la vie ou la santé de chacun d'eux.

Lorsque l'un des salariés utilise son droit de retrait, l'employeur ne peut pas demander à celui-ci de reprendre son activité si le danger grave et imminent persiste.

1. Article L. 4131-1 du Code du travail.

www.juritravail.com, 7 novembre 2017.

1. En quoi consiste :

– le droit d'alerte ? ....

....

....

....

– le droit de retrait ? ....

....

....

2. Que doivent décider les salariés de cet atelier de production de l'entreprise Dubonel ?

....

....

....

....

LE PRINCIPE DE PRÉVENTION

LE PRINCIPE DE PRÉVENTION

PRINCIPE DE PRÉVENTION

Éviter ou réduire les dommages liés aux risques environnementaux ou technologiques et d'atteinte à la santé des salariés au travail.

PRINCIPE D'ANTICIPATION

Combattre les risques à la source ➜ intégrer la prévention le plus en amont possible.

LA PRÉVENTION DES RISQUES ENVIRONNEMENTAUX ET TECHNOLOGIQUES

En plus des mesures adoptées par les entreprises, les pouvoirs publics interviennent en :
– imposant une réglementation stricte,
– organisant des exercices de sécurité civile (simulation de fuite d'acide, par exemple).

LA PRÉVENTION DES RISQUES LIÉS À LA SANTÉ AU TRAVAIL

L'OBLIGATION DE SÉCURITÉ DE L'EMPLOYEUR

L'employeur prend les mesures nécessaires pour assurer la sécurité et garantir la santé physique et mentale des salariés ➜ obligation d'établir le document unique d'évaluation des risques (DUER)

LA PRÉVENTION DES RISQUES PSYCHOSOCIAUX

– harcèlement moral,
– *burn-out* (dépression),
– indemnisation du « préjudice d'anxiété ».

LES ACTEURS DE LA PRÉVENTION DES RISQUES LIÉS À LA SANTÉ DES SALARIÉS

– l'employeur,
– la commission santé, sécurité et conditions de travail (CSSCT),
– le médecin du travail,
– l'inspecteur du travail.

LE DROIT D'ALERTE ET DE RETRAIT

– En cas de situation présentant un danger grave et imminent pour sa vie ou sa santé ou s'il constate une défectuosité dans les systèmes de protection ➜ le salarié doit alerter au plus vite son employeur.
– Dans une telle situation, le salarié peut exercer son droit de retrait.

APPLICATION

Objectif BTS

Voir fiches méthodologiques

RÉDIGER UNE NOTE

Vous traiterez le dossier ci-dessous à l'aide de vos connaissances et des documents en annexe

Ahmed Benomar est directeur général de l'entreprise Netvitres, spécialisée dans l'entretien des vitres extérieures des grands immeubles et les travaux acrobatiques.

Netvitres emploie 130 salariés : 18 dans les services administratifs et commerciaux et 112 sur les chantiers. Ahmed s'inquiète de constater qu'un nombre croissant de salariés soient en arrêt maladie pour soigner des symptômes dépressifs à l'origine inexpliquée. Ahmed est conscient des cadences élevées de travail qu'il exige de ses salariés.

À la lecture des ordonnances Travail du 22 septembre 2017, Ahmed a apprécié la simplification apportée par la suppression des comités d'hygiène, de sécurité et des conditions de travail (CHSCT) dans les entreprises de 50 à 300 salariés, jusqu'à ce qu'il reçoive un courrier de l'inspection du travail lui demandant, en raison de la nature des activités exercées par son entreprise, de mettre en place une commission santé, sécurité et conditions de travail (CSSCT).

Ahmed souhaiterait mieux connaître ses obligations en matière de prévention de la santé et de la sécurité de ses salariés.

Dans une note structurée, vous présenterez les obligations de l'employeur en matière de prévention de la santé et de la sécurité de ses salariés.

ANNEXE 1 : Article L. 4121-1 du Code du travail

L'employeur prend les mesures nécessaires pour assurer la sécurité physique et mentale des travailleurs.
Ces mesures comprennent :
1. Des actions de prévention des risques professionnels ; […]
2. Des actions d'information et de formation ;
3. La mise en place d'une organisation et de moyens adaptés.

L'employeur veille à l'adaptation de ces mesures pour tenir compte du changement des circonstances et tendre à l'amélioration de situations existantes.

ANNEXE 2 : Le document unique d'évaluation des risques (DUER)

Instauré en 2001, le document unique d'évaluation des risques professionnels (DU ou DUER) est obligatoire dans toutes les entreprises, quels que soient leur taille et leur secteur d'activité.
Il doit lister les risques professionnels encourus par les salariés de l'entreprise et les actions de prévention et de protection qui en découlent.

Qui doit rédiger le DU ?
Il n'existe pas de modèle bien spécifique, cependant, le document unique doit répondre à trois objectifs précis : il doit être cohérent, fonctionnel et traçable. L'employeur a seul la charge de la rédaction de ce document, mais peut demander de l'aide à son médecin du travail qui le redirigera vers un intervenant du SIST VO en prévention des risques professionnels (IPRP).

Que doit contenir le DU ?
Selon la loi, le document unique doit comporter un inventaire des risques identifiés dans l'entreprise. Cette liste et leur hiérarchisation permettent de présenter les conditions d'exposition aux dangers.
Trois types de contenus composent le DU :
– *L'identification des dangers :* Il s'agit de lister les risques, soit les capacités d'un équipement, d'un procédé ou d'un produit à causer un dommage à la santé des salariés.
– *L'identification des risques :* Cela correspond aux conditions d'exposition des salariés aux dangers identifiés. Les risques doivent être notés selon les critères propres à l'entreprise (fréquence d'exposition, gravité, etc.), puis classés. Ce classement permet d'établir des priorités et de faciliter la planification des mesures de prévention et de protection à mettre en œuvre.
– *Les actions de prévention et de protection :* L'évaluation des risques et des dangers ne suffit pas à répondre aux obligations réglementaires. Des actions doivent être proposées pour prévenir les risques et améliorer le confort des salariés.

SIST VO, Service interprofessionnel de santé au travail du Val d'Oise.

ANNEXE 3 : SAFT s'organise pour prévenir le « burn-out »

Le spécialiste mondial de la conception de batteries industrielles a mis en place, dans son établissement bordelais, un système de veille à grande échelle associé à la permanence d'une psychologue clinicienne.

Bordeaux, été 2013. Un cadre de la R & D de Saft est arrêté pour raisons de santé. Le médecin du travail diagnostique un *burn-out* et son cas s'ébruite. La CFE-CGC alerte la direction de l'établissement : d'autres salariés seraient exposés. Le DRH de ce site de 640 personnes, Benoît de Fournoux, propose rapidement un plan de prévention des risques psychosociaux : « Nous voulions que la solution soit opérationnelle, transposable aux autres établissements et qu'elle puisse s'inscrire dans la durée », raconte-t-il. Il choisit le cabinet Psya et obtient l'appui du médecin du service de santé au travail AHI Gironde. L'entreprise est déjà en cours de réflexion. Elle s'est dotée d'un comité d'analyse des RPS, constitué du DRH, de plusieurs membres du CHSCT, de salariés volontaires, ainsi que du médecin et de l'infirmière du travail. « En trois ans, nous avons abordé les questions de communication, de reconnaissance des risques et des conditions de travail, témoigne Benoît de Fournoux. Nous avons produit une charte du management, amélioré les outils de l'entretien annuel d'évaluation… Mais nous avions atteint la limite de l'exercice s'agissant de détecter les risques individuels. »
L'intervention de Psya a porté sur deux volets. Tout d'abord, la mise en place d'une veille par le médecin du travail au moyen d'un questionnaire combinant différents indicateurs : les symptômes et troubles physiques, le ressenti des difficultés (épuisement, intensité…), les conditions de travail, les rapports sociaux, les valeurs ou exigences individuelles. Ces items ont été complétés par deux autres outils, le MBI[1] (échelle de caractérisation du *burn-out*) et le HAD[2] (dépistage de l'anxiété et de la dépression).
« Nous avons abordé cette mission avec deux questions, se souvient Jacques Rondeleux, directeur général de Psya Sud-Ouest : celle de savoir si d'autres salariés de la R & D, qui forment la moitié des effectifs du site, pouvaient être en « pré-burn-out », et celle de ne pas donner le sentiment aux autres salariés, qui travaillent à l'assemblage, que nous allions nous intéresser à une partie seulement de l'établissement. »

1. *Maslach Burnout inventory.*
2. *Hospital anxiety and depression scale.*

D'où le deuxième volet, qui vise une instruction différenciée des questionnaires, mais une même réponse individualisée.

Réponse individualisée

Au cours des mois de décembre et de janvier 2013, 336 personnes ont répondu au questionnaire en ligne, principalement des ingénieurs, cadres et Etam. Si deux indicateurs viraient au rouge, un dispositif d'alerte avertissait illico le médecin du travail. [...]
Les ouvriers, quant à eux, devaient recevoir le questionnaire au cours d'une de leurs deux visites médicales annuelles. Très peu l'ont renseigné jusqu'ici. Mais tous ont accès à la permanence d'une psychologue clinicienne dans l'établissement (une demi-journée par quinzaine) : jusqu'à maintenant, près de 20 personnes l'ont rencontrée. [...]
Rodolphe Jammet, le délégué syndical, parle d'une promiscuité fatigante sur les plates-formes de R & D : « L'effectif y est passé de 70 à plus de 200 cadres en sept ans, les gens se plaignent du brouhaha permanent. » Benoît de Fournoux n'en disconvient pas. À court terme, il a promis une modification des horaires de certains services et une politique d'embauche dynamique pour renforcer les équipes.

Laurent Poillot, *Entreprise et Carrières*, 4 novembre 2014.

ANNEXE 4 : La réforme du Code du travail sonne le glas des CHSCT

Créés dans leur version moderne en 1982, les comités d'hygiène, de sécurité et des conditions de travail (CHSCT) vont disparaître avec la réforme du Code du travail dont le contenu a été dévoilé ce jeudi 31 août par le Premier ministre Édouard Philippe et sa ministre du Travail Muriel Pénicaud.
Une nouvelle instance, le comité social et économique (CSE) va en effet fusionner dans les entreprises de plus de 50 salariés les trois instances actuelles que sont les délégués du personnel (DP), le comité d'entreprise (CE) et le CHSCT. [...]
La nouvelle instance conservera la capacité d'agir en justice et de demander des expertises. Surtout, elle conservera les compétences des trois instances fusionnées, a voulu rassurer la ministre du Travail qui a précisé ne pas vouloir « baisser la garde » en matière de santé et sécurité au travail (SST).

Commission santé, sécurité et conditions de travail

Une commission santé, sécurité et conditions de travail (CSSCT) sera obligatoire dans toutes les entreprises et établissements de plus de 300 salariés. Mais le CHSCT était quant à lui obligatoire dans toutes les entreprises de plus de 50 salariés. La plupart des entreprises comprises entre 50 et 300 salariés ne disposeront donc plus d'une instance représentative du personnel dédiée aux risques professionnels. La plupart, car la réforme prévoit toutefois la création obligatoire de cette commission dans les installations nucléaires de base (INB), les établisssements Seveso et les stockages souterrains d'hydrocarbures ou de produits chimiques. Mais cela reste insuffisant aux yeux de certains spécialistes. « Un secteur aussi accidentogène que le BTP est totalement ignoré par la ministre du Travail [...]. Autres laissés-pour-compte : les intérimaires, pourtant reconnus comme population à risques professionnels très élevés », pointe ainsi Olivier Sévéon dans un article paru le 29 août dans *Miroir Social.*
L'ordonnance prévoit néanmoins que l'inspecteur du travail pourra imposer la création de cette commission dans des entreprises et établissements de moins de 300 salariés lorsque cette instance est rendue nécessaire par « la nature des activités, de l'agencement ou de l'équipement des locaux ». Elle pourra également être mise en place dans ces entreprises par un accord majoritaire, a indiqué Muriel Pénicaud.
Les membres de la commission seront désignés parmi les membres de la délégation du personnel du comité social et économique (CSE). L'employeur pourra y adjoindre, avec voix consultative, des experts et des techniciens appartenant à l'entreprise mais choisis en dehors du CSE.

Laurent Radisson, www.actu-environnement.com, 31 août 2017.

9 LE PRINCIPE DE PRÉCAUTION ET L'OBLIGATION DE SÉCURITÉ DES PRODUITS

Pesticides tueurs d'abeilles : le débat sans fin ?

Que sont les néonicotinoïdes ? Surnommés « pesticides tueurs d'abeilles », les néonicotinoïdes, mis sur le marché à partir des années 90, sont une famille de pesticides qui regroupe une dizaine de molécules dites systémiques. Répandues sur les champs ou en enrobage des semences céréalières, ces substances infiltrent toute la plante. Elles affectent le système nerveux et tuent – même à très faible dose – les insectes responsables de la destruction de certaines cultures.

Sont-ils dangereux ? L'agence européenne de l'environnement estime que maintenir l'utilisation généralisée des néonicotinoïdes augmente le risque de préjudice grave pour l'environnement et menace la sécurité alimentaire. Parmi les substances susceptibles d'affecter les abeilles, les spécialistes pointent l'imidaclopride (molécule active du Gaucho et du Confidor), la clothianidine (Poncho-Maïs) et le thiametoxam (Cruiser).

Où en est leur interdiction ? La France a opéré une première interdiction en 1999 pour l'imidaclopride sur le tournesol, puis en 2004 sur le maïs. Mais c'est en 2013 que tout s'accélère. Suivant un avis de l'autorité européenne de sécurité des aliments (AESA), la Commission européenne suspend cette année-là l'utilisation de trois néonicotinoïdes (l'imidaclopride, la clothianidine et le thiaméthoxa) pendant une durée de deux ans. Ces molécules sont interdites sur la plupart des cultures (tournesol, maïs, colza) sauf les céréales à paille l'hiver, ainsi que les betteraves.

La France est allée au-delà de ce moratoire européen avec le projet de loi sur la biodiversité : en mars 2016, l'Assemblée nationale a voté leur interdiction à partir du 1er septembre 2018, avec des dérogations possibles jusqu'en juillet 2020 par arrêté.[1]

La Dépêche du Midi, 27 juin 2017.

1. Ce projet de loi est devenu la loi sur la biodiversité du 8 août 2016.

Abeilles et biodiversité

Les abeilles sont un maillon essentiel de la biodiversité : elles assurent la pollinisation, c'est-à-dire le transport des graines de pollen permettant de féconder les plantes. 80 % des cultures (essentiellement légumières, fruitières, oléagineuses et protéagineuses) sont dépendantes des insectes pollinisateurs, dont les plus actifs sont les abeilles.

1. **Qu'a décidé la loi sur la biodiversité du 8 août 2016 en ce qui concerne les « pesticides tueurs d'abeilles » ?**

2. **La preuve scientifique irréfutable de la nocivité de ces pesticides n'a pu, à ce jour, être établie. Toutefois, de nombreuses études ont montré une corrélation entre leur utilisation dans l'agriculture et la croissance de la mortalité des abeilles : leur taux de mortalité est passé de 5 à 30 % et la production de miel française a été divisée par deux en 20 ans. Comment se justifie alors, selon vous, la solution adoptée sur ce point par la loi sur la biodiversité du 8 août 2016 ?**

1. LE PRINCIPE DE PRÉCAUTION

Mathilde attend un heureux événement pour le mois prochain. Des amies lui ont parlé de l'interdiction du bisphénol A en raison des dangers qu'il pouvait présenter, même si ces derniers n'ont pas été établis scientifiquement de manière irréfutable. Elle a mis à profit le temps de loisirs procuré par son congé de maternité pour se documenter sur ce sujet (documents 1 à 3). Le futur papa jouant au football, s'est quant à lui documenté sur les dangers présentés par les pelouses synthétiques sur les terrains de sport (document 4).

DOCUMENT 1 : Principe de précaution et santé publique

Le principe de précaution est défini dans l'article 5 de la Charte de l'environnement, l'un des quatre textes de la Constitution française depuis 2005 : « Lorsque la réalisation d'un dommage, bien qu'incertaine en l'état des connaissances scientifiques, pourrait affecter de manière grave et irréversible l'environnement, les autorités publiques veillent, par application du principe de précaution et dans leurs domaines d'attributions, à la mise en œuvre de procédures d'évaluation des risques et à l'adoption de mesures provisoires et proportionnées afin de parer à la réalisation du dommage. »
C'est à partir de cette notion de protection dans le domaine de l'environnement que ce principe de précaution a été étendu, après consultation du Conseil d'État par le Gouvernement, en l'appliquant aux domaines de la santé publique et de la sécurité alimentaire.

Il convient de différencier prévention et précaution

« Très schématiquement, la prévention consiste à prendre les mesures nécessaires à la non-survenance d'un événement prévisible ou, en tout cas, probabilisable... La précaution consiste à aller plus loin, soit en multipliant, au-delà de ce que la probabilité rend nécessaire les mesures de protection, soit en adoptant des mesures de protection à l'encontre de risques qui ne sont même pas probabilisables ».

Claude Mercier, http://academie.sla.marseille.fr.

DOCUMENT 2 : Article 7 du règlement européen 178-2002 : le principe de précaution

Dans les cas particuliers où une évaluation des informations disponibles révèle la possibilité d'effets nocifs sur la santé, mais où il subsiste une incertitude scientifique, des mesures provisoires de gestion du risque, nécessaires pour assurer le niveau élevé de protection de la santé choisi par la Communauté européenne, peuvent être adoptées dans l'attente d'autres informations scientifiques en vue d'une évaluation plus complète du risque.

1. En quoi consiste le principe de précaution ?

....

....

....

2. Quelle est la différence entre principe de prévention et principe de précaution ?

....

....

....

3. Quelles sont les principales sources des règles de droit consacrant le principe de précaution ?

....

....

....

DOCUMENT 3 : Exemple d'application du principe de précaution : le bisphénol A

Un exemple concret et actuel d'application du principe de précaution en France est celui du bisphénol A (BPA). Il est en effet suspecté, en tant que perturbateur endocrinien, de provoquer des troubles de la reproduction et des effets cancérogènes. Bien que ces effets n'aient pas été démontrés chez l'homme dans des études épidémiologiques, ils ont été observés à plusieurs reprises chez l'animal et certaines catégories de la population seraient plus susceptibles que d'autres à son exposition (nourrissons, jeunes enfants, femmes enceintes et allaitantes).

Afin de protéger la population contre les potentiels effets néfastes des perturbateurs endocriniens, et notamment du BPA, la fabrication et la commercialisation de biberons contenant du BPA est interdite en France depuis le 1er janvier 2011 (loi du 30 juin 2010) et en Europe depuis le 1er mars 2011. En octobre 2011, une proposition de loi a été adoptée : elle modifie le texte de la loi du 30 juin 2010 en étendant l'interdiction de fabrication et de commercialisation du bisphénol A à l'ensemble des conditionnements d'usage alimentaire. Celle-ci est effective depuis le 1er janvier 2015.

www.cancer-environnement.fr.

4. Quels sont les risques liés à l'utilisation du bisphénol A ?

....

....

....

5. Quelles mesures ont été adoptées pour faire face à ces risques dans le cadre du principe de précaution ?

....

....

DOCUMENT 4 : Pelouses synthétiques : attention danger ?

Une enquête remet en cause les pelouses synthétiques, qui contiendraient de nombreuses substances toxiques ou cancérigènes.

La pelouse synthétique du stade René-Guillou de Lannion et près de 2 700 autres en France sont dans le collimateur d'une enquête de *So Foot* qui risque de faire débat. [...]

Publiée le 16 novembre dans le mensuel *So Foot* et basée sur plusieurs études, l'enquête souligne la dangerosité des petites billes noires de caoutchouc qui assurent la hauteur des brins d'herbe synthétiques et la souplesse de la pelouse (23 000 pneus sont nécessaires pour un seul terrain classique). Elles contiendraient jusqu'à 190 substances toxiques ou cancérigènes, note le mensuel qui relance en fait un débat récurrent depuis déjà plusieurs années.

Un contrôle tous les ans

Ces surfaces, qui équipent de plus en plus de terrains de football sur le territoire (environ 2 700 pelouses Indoor et extérieures labellisées FFF en 2016) ne manquent pas d'atouts. « Elles permettent une économie d'échelle en matière d'entretien, également des économies d'eau importantes et sont surtout praticables par tous les temps, » argumentait Christian Hunaut, adjoint aux sports, lors de la création du stade René-Guillou.

La lecture de cette enquête peut-elle remettre en cause un choix effectué, sans recul à l'époque, il y a une bonne dizaine d'années ? « La pelouse est contrôlée tous les ans par la Fédération française et elle est toujours aux normes. On va simplement limiter aux matchs l'usage du terrain d'honneur, pour le préserver. Tant que l'on n'aura aucune notes et directives, nationales ou européennes, concernant ce type de pelouse synthétique voire l'interdisant, elle restera. [...] », a confié l'adjoint aux sports de la Ville de Lannion.

Le Trégor, 23 novembre 2017.

6. Face aux risques présentés par les pelouses synthétiques, quelle décision pourraient prendre les pouvoirs publics au niveau européen ou national ?

7. Comment les pouvoirs publics pourraient-ils justifier cette décision ?

2. L'OBLIGATION DE SÉCURITÉ DANS LES VENTES DE BIENS ET SERVICES

Situation

Après son accouchement, Mathilde envisage de préparer sa peau au soleil estival en s'offrant quelques séances de bronzage dans un institut de beauté. Par ailleurs, depuis qu'elle a su qu'elle était enceinte, elle a cessé de fumer et a choisi de vapoter.

A. L'obligation générale de sécurité des biens et services

DOCUMENT 5 : L'obligation de sécurité

L'obligation de sécurité est une obligation d'origine jurisprudentielle (1) qui a par la suite été consacrée dans la législation laquelle est particulièrement guidée par la volonté de protéger le consommateur (2).

1. Une création d'origine jurisprudentielle

L'obligation de sécurité a été reconnue en 1911 à propos du contrat de transport de personnes et ne concernait pas à l'origine le contrat de vente. La consécration de cette obligation de sécurité de résultat a ensuite permis son extension progressive à d'autres contrats dont l'exécution était susceptible de porter atteinte à la sécurité des personnes et des biens du cocontractant, notamment à des contrats portant à la fois sur des services et sur des biens. Par exemple, il a été admis que les hôteliers, restaurateurs et débiteurs de boisson sont soumis à une obligation de sécurité, laquelle concerne « aussi bien les locaux de l'établissement ou ses dépendances, que les boissons et aliments servis ».

Ce n'est qu'en 1964 qu'une telle obligation a été énoncée en matière de vente de produits, les arrêts ultérieurs rendus par la Cour de cassation ayant confirmé cette position et précisé les contours de cette obligation.

Dans un arrêt en date du 11 juin 1991, la Cour de cassation a défini l'obligation de sécurité comme celle qui « consiste à ne livrer que des produits exempts de tout vice ou de tout défaut de fabrication de nature à créer un danger pour les personnes ou pour les biens ».

2. La législation guidée par la volonté de protéger le consommateur

L'obligation générale de sécurité est matérialisée à l'article L. 421-34 du Code de la consommation, lequel dispose que « les produits et services doivent, dans des conditions normales d'utilisation ou dans d'autres conditions raisonnablement prévisibles par le professionnel, présenter la sécurité à laquelle on peut s'attendre et ne pas porter atteinte à la santé des personnes » (loi du 21 juillet 1983 et ordonnance du 14 mars 2016).

www.institut-numerique.org.

1. En quoi consiste l'obligation générale de sécurité des biens et des services ?

2. Quel texte de droit a posé le principe d'une obligation générale de sécurité des biens et services ?

....

B. Le rôle des pouvoirs publics en matière de sécurité des biens et services

DOCUMENT 6 : La DGCCRF et son rôle

Définition
La DGCCRF (Direction générale de la concurrence, de la consommation et de la répression des fraudes) est une direction du ministère de l'Économie, des Finances et de l'Industrie.

Missions
Comme son nom l'indique, son domaine d'intervention couvre plusieurs secteurs :
- la régulation concurrentielle des marchés : lutte contre les abus de position dominante, les ententes, les pratiques déloyales (concurrence déloyale), contrôle des concentrations, etc. ;
- la protection des consommateurs : règles d'étiquetage, répression des falsifications et tromperies, publicités mensongères, faux rabais, abus de faiblesse, etc. ;
- la sécurité des consommateurs : elle est chargée de veiller à la sécurité physique et à la santé des consommateurs pour tous les produits et services. Concrètement, elle est ainsi amenée à émettre des avis de produits dangereux pour le consommateur, à intervenir auprès d'industriels ou de commerçants dans le cadre de litiges, etc.

http://droit.finances.commentcamarche.net.

1. Quel est l'organisme public chargé de veiller à la sécurité des consommateurs ?

....

2. Quel est le rôle de cet organisme dans le domaine de la sécurité des consommateurs ?

....

....

DOCUMENT 7 : Les dangers liés aux cabines de bronzage

L'exposition répétée aux rayonnements ultraviolets naturels et artificiels constitue un facteur de risque majeur dans le développement des affections de la peau. Face aux risques encourus, les cabines de bronzage sont soumises à une réglementation stricte (renforcée en 2013, 2014 et 2016) afin de s'assurer de la conformité du matériel et de limiter les risques pour la santé lors de son utilisation. En 2016, la DGCCRF a mené une nouvelle enquête visant à s'assurer du respect de cette réglementation par les professionnels du secteur. Le taux d'entreprises présentant une non-conformité reste très élevé à 63 %.

La sécurité des appareils et leurs conditions d'utilisation : les obligations liées à la sécurité des cabines de bronzage ne sont toujours pas correctement respectées. Les enquêteurs ont relevé la présence d'appareils en fonctionnement n'ayant fait l'objet d'aucun contrôle technique ou n'ayant pas été contrôlés depuis une durée allant jusqu'à sept ans (un contrôle périodique devant être réalisé tous les deux ans) ; l'absence d'attestations officielles à la suite de contrôles techniques ; des problèmes de traçabilité (absence de numéro de série, de catégorie d'appareil avec le type d'UV) ou encore la présence d'une personne faisant fonctionner les appareils à UV sans aucun diplôme d'esthétique.

www.economie.gouv.fr.

3. Quels risques présente l'utilisation des cabines de bronzage ?

4. Quels points essentiels devra contrôler Mathilde avant de passer un contrat pour une série de séances de bronzage ?

DOCUMENT 8 : Batteries d'e-cigarettes : danger dans votre poche !

La DGCCRF a été informée récemment de deux nouveaux cas d'explosion de batteries de cigarettes électroniques. Selon les informations fournies par les consommateurs à l'origine de ces signalements, les batteries auraient explosé alors qu'elles étaient dans la poche du vêtement qu'ils portaient, occasionnant des brûlures. Ces cas viennent s'ajouter aux six signalements du même type reçus au cours de l'année 2016. Même si les explosions de batteries sont rares par rapport au nombre de produits en circulation, elles peuvent avoir des conséquences graves. Aussi, la DGCCRF souhaite appeler l'attention des utilisateurs de cigarettes électroniques sur le fait qu'il est important de suivre les préconisations d'usage et de sécurité couramment communiquées par les revendeurs de cigarettes électroniques et de leurs batteries.

En règle générale, il est ainsi recommandé :

- de ne pas transporter ces batteries sans étui de protection, en particulier lorsqu'elles sont dans un sac ou une poche de vêtement ;
- de les stocker dans un boîtier ou un étui isolant et non en vrac dans une boîte ou un tiroir ;
- de prévenir tout contact avec des pièces métalliques (clés, pièces de monnaie, etc.) ou avec des liquides ;
- d'éviter les chocs ou l'exposition à des sources de chaleur ;
- de maintenir les batteries propres et sèches, et de ne pas les utiliser si elles semblent endommagées (déformation, gaine déchirée, fuite de liquide, etc.) ;
- d'utiliser un chargeur adapté et de respecter les instructions fournies avec le chargeur, notamment respecter la polarité et les précautions d'emploi ;
- de ne pas tenter de démonter ou d'ouvrir l'enveloppe de la batterie ;
- de ne pas laisser les batteries en charge trop longtemps ou sans surveillance.

www.economie.gouv.fr.

5. À quel risque doivent faire face les vapoteurs ?

6. Les recommandations de la DGCCRF vous semblent-elles suffisantes pour faire face à ce risque ? Justifiez votre réponse.

LE PRINCIPE DE PRÉCAUTION ET L'OBLIGATION DE SÉCURITÉ DES PRODUITS

LE PRINCIPE DE PRÉCAUTION

Ce principe a été affirmé :
– par la Charte de l'environnement, l'un des quatre textes de la Constitution française, depuis 2005 ;
– par le droit européen.

Ce principe s'applique, dans les domaines de l'environnement, de la santé publique et de la sécurité alimentaire, quand certaines constatations font craindre la réalisation d'un risque grave, sans qu'une preuve scientifique irréfutable puisse être établie.

Les pouvoirs publics doivent alors adopter et mettre en œuvre les mesures de nature à réduire le risque de manière significative.

L'OBLIGATION DE SÉCURITÉ DANS LES VENTES DE BIENS ET DE SERVICES

L'OBLIGATION GÉNÉRALE DE SÉCURITÉ DES BIENS ET SERVICES

Les biens et services vendus doivent présenter la sécurité à laquelle on peut légitimement s'attendre et ne pas porter atteinte à la santé des personnes.

LE RÔLE DES POUVOIRS PUBLICS

Ils doivent prendre les mesures nécessaires à la sécurité physique et à la santé des consommateurs : intervention de la Direction générale de la concurrence, de la consommation et de la répression des fraudes, en particulier.

APPLICATION

Objectif BTS

Voir fiches méthodologiques

RÉDIGER UNE NOTE

Vous traiterez le dossier ci-dessous à l'aide de vos connaissances et des documents en annexe

Myriam effectue un stage chez un grossiste en produits phytosanitaires : Phyto-Plus. Phyto-Plus emploie 312 salariés : 87 dans les services administratifs et commerciaux, 225 dans les entrepôts de stockage et d'expédition.

Son maître de stage, Théo Corbel, s'inquiète de l'interdiction possible d'un herbicide que Phyto-Plus vend en grande quantité : le glyphosate.

D'autre part, lors de la dernière réunion de la commission santé, sécurité et conditions de travail (CSSCT), les représentants du personnel ont signalé que plusieurs salariés, travaillant chez Phyto-Plus depuis plus de vingt ans, avaient dû consulter leur médecin pour des difficultés respiratoires. De plus, trois salariés, non-fumeurs, sont actuellement en traitement pour des cancers pulmonaires. Le lien entre ces problèmes de santé et l'exposition à certains produits phytosanitaires comme le glyphosate, pourrait prochainement être établi. Lors de cette réunion, ont été évoqués le principe de prévention et le principe de précaution. Théo Corbel a quelques difficultés à bien distinguer ces deux principes. Il demande donc à Myriam de lui rédiger une note sur les finalités respectives de ces deux principes.

Dans une note structurée, vous présenterez les finalités respectives du principe de prévention et du principe de précaution. Vous illustrerez vos développements par des exemples précis.

ANNEXE 1 : Principe de prévention et santé et sécurité au travail

La prévention des risques professionnels recouvre l'ensemble des dispositions à mettre en œuvre pour préserver la santé et la sécurité des salariés, améliorer les conditions de travail et tendre au bien-être au travail.

Une démarche de prévention des risques professionnels se construit en impliquant tous les acteurs concernés et en tenant compte des spécificités de l'entreprise (taille, moyens mobilisables, organisation, sous-traitance, co-traitance, intérim, filialisation, implantation géographique multiple, présence de tiers externes comme du public ou des clients…).

Pour mettre en place une démarche de prévention, il est nécessaire de s'appuyer sur les neuf grands principes généraux (L. 4121-2 du Code du travail) qui régissent l'organisation de la prévention :

- éviter les risques, c'est supprimer le danger ou l'exposition au danger ;
- évaluer les risques, c'est apprécier l'exposition au danger et l'importance du risque afin de prioriser les actions de prévention à mener ;
- combattre les risques à la source, c'est intégrer la prévention le plus en amont possible, notamment dès la conception des lieux de travail, des équipements ou de modes opératoires ;
- adapter le travail à l'homme, en tenant compte des différences interindividuelles, dans le but de réduire les effets du travail sur la santé ;
- tenir compte de l'évolution de la technique, c'est adapter la prévention aux évolutions techniques et organisationnelles ;
- remplacer ce qui est dangereux par ce qui l'est moins, c'est éviter l'utilisation de procédés ou de produits dangereux lorsqu'un même résultat peut être obtenu avec une méthode présentant des dangers moindres ;
- planifier la prévention en intégrant technique, organisation et conditions de travail, relations sociales et environnement ;
- donner la priorité aux mesures de protection collective et n'utiliser les équipements de protection individuelle qu'en complément des protections collectives si elles se révèlent insuffisantes ;
- donner les instructions appropriées aux salariés, c'est former et informer les salariés afin qu'ils connaissent les risques et les mesures de prévention.

www.inrs.fr.

ANNEXE 2 : Principe de prévention et environnement

Le principe de prévention a été défini dans la législation française par la loi Barnier de 1995. Il est aujourd'hui affirmé dans l'article L. 110-1 du Code de l'environnement qui le retient parmi les principes généraux du droit de l'environnement : « Le principe d'action préventive et de correction, par priorité à la source, des atteintes à l'environnement, en utilisant les meilleures techniques disponibles à un coût économiquement acceptable ».

ANNEXE 3 : Des poissons morts par centaines en Bretagne

Le spectacle alarme les promeneurs et fait enrager les pêcheurs sur les bords de la Seiche, en Ille-et-Vilaine. Des centaines de poissons morts jonchent le cours d'eau. À l'origine de cette hécatombe signalée en fin de semaine dernière, le rejet de matières organiques par l'usine Lactalis située à Retiers. L'usine a confirmé l'incident « exceptionnel », constaté également par les services de l'État. Les poissons seraient morts à cause d'un manque d'oxygène, le rejet ayant provoqué une saturation dans la rivière. Une situation aggravée par la sécheresse et les bas débits des cours d'eau. La Fédération des pêcheurs d'Ille-et-Vilaine souhaite porter plainte contre Lactalis.

C.G., *Le Parisien/Aujourd'hui en France*, 27 août 2017.

ANNEXE 4 : Le glyphosate, star des herbicides...

Quel avenir pour le glyphosate ? Cette molécule controversée, substance active de nombreux herbicides, est au cœur d'un vif débat au sein de l'Union européenne. Les États membres doivent se prononcer, jeudi 9 novembre, sur le renouvellement ou non de l'autorisation du glyphosate. Preuve que le sujet est sensible : le vote a déjà été reporté cinq fois[1].

Le glyphosate, c'est quoi au juste ?

Le glyphosate est un puissant herbicide. La molécule a été inventée dans les années 1970 par des scientifiques de la firme américaine Monsanto. L'entreprise l'a commercialisée à partir de 1974, notamment sous la marque Roundup.

Au début des années 2000, la molécule est tombée dans le domaine public, ce qui a permis à d'autres sociétés de s'en emparer. Devenue bon marché, elle est désormais utilisée partout dans le monde. Outre le Roundup, on retrouve donc le glyphosate dans plus de 750 produits commercialisés par plus de 90 fabricants, répartis dans une vingtaine de pays, ajoute *Le Monde*. L'ANSES, l'Agence nationale de sécurité sanitaire de l'alimentation, recense 178 références dont l'utilisation est autorisée en France. […]

Y a-t-il un danger pour notre santé ?

En mars 2015, un rapport (en anglais) du Centre international de recherche sur le cancer (CIRC), émanation de l'Organisation mondiale de la santé (OMS) et référence mondiale dans ce domaine, classe l'herbicide comme cancérogène « certain pour l'animal » et « probable chez l'homme ».

1. Le 27 novembre 2017, les États membres de l'Union européenne ont renouvelé l'autorisation d'utilisation du glyphosate pour cinq ans. La Commission européenne a entériné cette décision le 12 décembre 2017. En désaccord, la France a prévu d'interdire le glyphosate d'ici trois ans. En France, le glyphosate est déjà interdit dans les jardins et espaces verts publics depuis le 1er janvier 2017. Cette interdiction sera étendue aux particuliers à compter du 1er janvier 2019.

« Il y a des preuves limitées de cancérogénicité chez l'homme pour le lymphome non hodgkinien [...], il a également causé des dommages à l'ADN et aux chromosomes dans les cellules humaines », précise le CIRC dans son rapport.

« On est déjà sur un niveau de preuves scientifiques très élevé », note Pierre-Michel Périnaud, président de l'association Alerte des médecins sur les pesticides, contacté par franceinfo. Le médecin interroge sur l'accumulation, même à faibles doses, de pesticides pour le consommateur. « Quels sont les effets du glyphosate associé à d'autres produits ? » demande le médecin spécialiste des pesticides qui redoute « l'effet cocktail ». Par ailleurs, le glyphosate est suspecté d'être tératogène, c'est-à-dire de provoquer des malformations du fœtus, d'après les recherches sur des batraciens menées par le professeur Andrés Carrasco, de l'université de Buenos Aires (Argentine), relaie *Le Monde*.

Mais ces études sont rejetées par Monsanto. « La toxicité aiguë du glyphosate est très nettement moins élevée que celle de produits courants comme la caféine ou le sel », explique notamment l'entreprise sur son site internet. Le géant de l'agrochimie s'appuie sur une étude de 1978, explique la journaliste Marie-Monique Robin, dans son documentaire *Le Roundup face à ses juges*, diffusé le 17 octobre sur Arte. Cette étude est, depuis, contestée par d'autres scientifiques.

www.francetvinfo.fr, 24 octobre 2017.

10 LE DOMMAGE ET SA RÉPARATION

Carrefour condamné pour une feuille de salade glissante

C'est à coup sûr la feuille de salade la plus chère du monde. Elle va coûter 18 938 € à un hypermarché Carrefour de l'Hérault jugé responsable par le tribunal de grande instance de Montpellier de la grave chute d'une cliente. Le 31 décembre 2006, Josiane, alors âgée de 76 ans, s'était fracturé le col du fémur en glissant sur le sol mouillé et jonché de débris végétaux, au rayon fruits et légumes du Carrefour de Saint-Jean-de-Vedas. Son avocat, Me Emmanuel Ludot, avait assigné le magasin en responsabilité civile. Le jugement rendu le 13 décembre lui donne raison et constitue une première dans ce type de litige. « Une décision parfaitement motivée. C'était du devoir de l'hypermarché d'entretenir correctement les sols de son établissement et d'assurer la sécurité de sa clientèle », commente l'avocat rémois, qui rappelle que ce dossier en apparence léger n'a rien de folklorique : « Ma cliente a subi deux fractures du col du fémur qui ont justifié deux interventions chirurgicales et entraîné des souffrances. »

Une flaque d'eau dans le rayon

Il lui restait à convaincre la justice que la direction du magasin pouvait être tenue pour responsable de la chute. Carrefour estimait en effet que la victime ne rapportait pas la preuve du caractère « anormalement glissant » du sol, affirmant qu'il était prévisible que le sol d'un rayon humide soit un peu humide.

Dans son récit, Josiane a toujours déclaré que le sol du rayon concerné était mouillé et jonché de détritus de légumes. […]

Enfin, un autre client a confirmé l'existence d'une flaque d'eau au rayon primeurs. Selon le jugement du TGI de Montpellier, Josiane a donc bien rapporté la preuve de l'état anormalement glissant du sol. Toujours selon la chambre civile, ce sol a « joué un rôle actif et donc causal dans la survenue de la chute ». Désigné comme responsable, Carrefour doit réparer l'intégralité des conséquences subies par Josiane, estimées à 18 938 €. […]

Geoffroy Tomasovitch, *Le Parisien/Aujourd'hui en France*, 22 décembre 2010.

1. Quels sont les faits reprochés à l'hypermarché Carrefour dans cette affaire ?

2. Quelles sont les conséquences de cette affaire pour l'hypermarché Carrefour ?

1. LES DOMMAGES GÉNÉRÉS OU SUBIS PAR L'ENTREPRISE

L'existence d'un dommage (ou préjudice), c'est-à-dire d'une atteinte portée à un droit, est la condition première de la responsabilité civile.

A. La diversité des dommages (ou préjudices)

Situation

Victor Morel est directeur général de Morel Chimie SA dont l'activité consiste à entreposer et à distribuer, dans la moitié Sud de la France, toutes sortes de produits chimiques. L'entreprise, classée Seveso III, est située dans une commune de banlieue d'une grande ville à proximité de maisons d'habitation[1]. Le caractère « dangereux » de cette activité est source de nombreuses hostilités. Les associations de protection de l'environnement militent pour son déplacement dans une zone éloignée de toute habitation.
En revenant au travail un lundi matin, Victor Morel retrouve une porte de ses bureaux enfoncée, les locaux saccagés (dossiers éparpillés sur le sol…) et est surtout affligé par une inscription sur le mur de clôture de l'entreprise : « Morel assassin, premier avertissement… ».

DOCUMENT 1 : Les différents types de dommages (ou préjudices)

On distingue traditionnellement trois catégories de dommages (ou préjudices) :

1. Le dommage (ou préjudice) matériel

Le dommage (ou préjudice) matériel est constitué par une atteinte aux biens d'une personne : on peut réclamer des dommages-intérêts non seulement pour la perte qu'on a subie (destruction d'un bien, par exemple), mais aussi pour le gain dont on a été privé (perte d'un marché, par exemple).

2. Le dommage (ou préjudice) moral

Le dommage (ou préjudice) moral est constitué par un dommage psychologique causé à une personne :
- atteintes à son honneur, à son image, à sa vie privée ;
- dommage moral par ricochet, constitué par l'atteinte au sentiment d'affection causé par le décès d'un être cher (époux, enfant…). La jurisprudence a même admis l'existence d'un tel préjudice en cas de perte d'un animal.

3. Le dommage (ou préjudice) corporel

C'est un préjudice mixte : il est à la fois matériel et moral :
- les éléments matériels sont les frais médicaux, pharmaceutiques et d'hôpital ainsi que la réduction ou la perte de gains en raison de l'incapacité de travail provoquée ;
- les éléments moraux correspondent aux souffrances physiques et morales endurées *(pretium doloris)*, au préjudice esthétique (ainsi de celui que constituent des cicatrices) ou au préjudice d'agrément (résultant par exemple de l'impossibilité de se livrer à une activité ludique ou sportive).

Dommage (ou préjudice) patrimonial ou extrapatrimonial

On peut également classer les dommages (ou préjudices) en dommages (ou préjudices) patrimoniaux et dommages (ou préjudices) extrapatrimoniaux :
- dommage (ou préjudice) patrimonial : dommage (ou préjudice) matériel et éléments matériels du dommage (ou préjudice) corporel ;
- dommage (ou préjudice) extrapatrimonial : dommage (ou préjudice) moral et éléments moraux du dommage (ou préjudice) corporel.

1. Les sites classés Seveso sont des installations industrielles ou commerciales répertoriées comme dangereuses.

1. Qualifiez les préjudices subis par Victor Morel et sa société.

....

....

2. Certains juristes sont hostiles à la réparation du préjudice moral. Ils font valoir qu'un tel préjudice est difficile à évaluer et qu'il serait impossible d'effacer des souffrances d'ordre moral avec une indemnité. Qu'en pensez-vous ?

....

....

....

....

DOCUMENT 2 : Mediator. Le préjudice d'anxiété reconnu « au cas par cas »

Le Mediator, dont le scandale a été révélé par le docteur brestois, Irène Frachon, pourrait être responsable, à long terme, de 2 100 décès.

Ils ne sont pas malades à cause du Mediator, mais inquiets d'en avoir pris : la justice a reconnu pour la première fois, hier, un préjudice d'anxiété à douze consommateurs de ce médicament au cœur d'un scandale sanitaire. [...]

Dans trois décisions, les juges des référés (procédure d'urgence) du tribunal de grande instance de Nanterre ont condamné le fabricant, les laboratoires Servier, à payer 1 500 € de provisions sur indemnisations (ils en avaient demandé 15 000) aux douze demandeurs qui ont vu leur angoisse reconnue, car elles en ont démontré la « réalité » : « Un suivi médical contraignant dans les deux années suivant » l'arrêt de la prescription du médicament. [...]

Utilisé par cinq millions de personnes, le Mediator, un antidiabétique largement détourné comme coupe-faim pendant plus de trente ans et retiré du marché français en novembre 2009, est à l'origine de graves lésions des valves cardiaques (valvulopathies) et de la HTAP, pathologie rare et actuellement incurable.

Le Télégramme, 29 janvier 2016.

DOCUMENT 3 : Insultée dans l'annuaire, elle sera indemnisée

Charlotte est une femme soulagée. Depuis 2007, la jeune Rennaise bataillait pour obtenir réparation. Le tribunal d'instance de Rennes vient de rendre son jugement et lui accorde le maximum dans ce genre d'affaire : 10 000 €, qu'une famille de la région de Rennes, la société Les Pages Jaunes et Bouygues Télécom devront verser solidairement.

Mentions insultantes

L'affaire est bête et méchante. En 2007, les membres de cette famille, hostiles à une histoire d'amour que vivait Charlotte, subtilisent ses factures de téléphone. Ces documents leur ont permis de s'introduire sur le compte Internet de Bouygues Télécom de la jeune femme.

Ils ont modifié ses coordonnées et accolé des annotations ordurières au nom, à l'adresse et au numéro de téléphone de mobile de l'abonnée.

L'opérateur téléphonique proposait, comme ses concurrents, la publication de ces coordonnées dans l'annuaire des Pages Jaunes et sur le site internet. Il fallait cocher une case en cas de refus.

Des photos de l'abonnée ont été ajoutées dans la version numérique. La jeune femme a vécu un enfer : des centaines d'appels lubriques et des coups de sonnette à son domicile...

Serge Le Luyer, *Ouest-France*, 3 mars 2015.

DOCUMENT 4 : Coup de vent fatal...

Un fort vent soufflant en tempête a provoqué la chute d'un pin haut de quinze mètres situé sur le terrain voisin de l'entreprise Morel Chimie SA. Une partie de la clôture de l'entreprise s'est effondrée et un salarié qui passait à proximité a été blessé (bras cassé).

3. Après avoir lu les documents 2, 3 et 4, complétez le tableau ci-dessous.

Cas	Qui est la victime du préjudice ?	Brève description du préjudice	Catégorie de préjudice
Document 2			
Document 3			
Document 4	La société Morel Chimie SA		
Document 4	Le salarié de la société Morel Chimie SA		

Conséquence d'une fissure au fond d'une cuve de stockage de l'entreprise Morel Chimie SA, des produits chimiques se sont écoulés dans la rivière qui passe à proximité de l'entreprise. La pollution est importante en aval : poissons morts, eau rougeâtre...

DOCUMENT 5 : La reconnaissance du préjudice écologique

La loi du 8 août 2016 a introduit le préjudice écologique, déjà reconnu par la jurisprudence, dans le Code civil :

« **Art. 1386-19** – Toute personne responsable d'un préjudice écologique est tenue de le réparer.

« **Art. 1386-20** – Est réparable [...] le préjudice écologique consistant en une atteinte non négligeable aux éléments ou aux fonctions des écosystèmes ou aux bénéfices collectifs tirés par l'homme de l'environnement.

« **Art. 1386-21** – L'action en réparation du préjudice écologique est ouverte à toute personne ayant qualité et intérêt à agir, telle que l'État, l'Agence française pour la biodiversité, les collectivités territoriales et leurs groupements dont le territoire est concerné, ainsi que les établissements publics et les associations, agréées ou créées depuis au moins cinq ans à la date d'introduction de l'instance, qui ont pour objet la protection de la nature et la défense de l'environnement.

« **Art. 1386-22** – La réparation du préjudice écologique s'effectue par priorité en nature.

« En cas d'impossibilité de droit ou de fait ou d'insuffisance des mesures de réparation, le juge condamne le responsable à verser des dommages et intérêts, affectés à la réparation de l'environnement, au demandeur ou, si celui-ci ne peut prendre les mesures utiles à cette fin, à l'État.

« **Art. 2226-1** – L'action en responsabilité tendant à la réparation du préjudice écologique réparable [...] se prescrit par dix ans à compter du jour où le titulaire de l'action a connu ou aurait dû connaître la manifestation du préjudice écologique. »

4. Comment est défini le préjudice écologique dans le Code civil ? Donner des exemples.

....

....

....

5. Quelles sont les personnes susceptibles d'intenter une action en justice pour obtenir réparation de ce préjudice ?

6. Comment ce préjudice peut-il être réparé ?

7. Quelles sont les conséquences de l'article 2226-1 ?

B. La réparation du dommage

Situation

La sœur de Victor Morel, Laurine, tient un commerce de vêtements au centre de la grande ville voisine de la commune où est implantée Morel Chimie SA. Un matin, elle trouve la vitrine de son magasin brisée, le magasin saccagé, des graffitis qui la perturbent gravement sur la façade : « Morel : famille d'assassins ». Elle doit fermer son magasin pendant quinze jours pour travaux de remise en état.

De plus, Laurine Morel a dû annuler, faute de temps, sa participation à un concours de danse à la suite de ce saccage. Elle était arrivée sixième l'année précédente à ce concours doté d'un premier prix de 10 000 €. Elle estime qu'elle avait de bonnes chances de gagner cette année.

Laurine Morel souhaiterait, si les auteurs de ces dommages sont identifiés, obtenir réparation.

DOCUMENT 6 : Les caractères du dommage réparable

Pour que le dommage ouvre droit à indemnisation, certaines conditions sont requises.

1. Le dommage doit être certain

Un préjudice simplement éventuel ne suffit pas, mais un préjudice futur dont la réalisation est certaine est suffisant. Ainsi, la perte de chance peut être indemnisée. Exemple : Une personne blesse un cheval de course qui ne pourra pas participer à une compétition. Le propriétaire sera indemnisé, mais pas à hauteur des gains remportés par les chevaux arrivés dans les premiers.

2. Le dommage doit être direct et personnel

C'est le demandeur qui doit avoir subi le préjudice, mais les juges admettent le préjudice par ricochet. Exemple : Lorsqu'un homme décède, sa femme et ses enfants seront indemnisés à la fois pour le préjudice matériel (perte de revenus) et pour le préjudice moral.

3. Le dommage doit être légitime[1]

C'est ainsi qu'une personne ne pourra obtenir réparation de la perte de ses rémunérations que si celles-ci sont licites. Exemple : Un salarié dont la moitié du salaire est payée au noir ne pourra être indemnisé que sur la base de sa rémunération déclarée.

1. Un dommage légitime est un dommage qui a une existence légale.

1. Indiquez à Laurine si elle pourra obtenir réparation pour chacun des dommages (ou préjudices) subis.

Préjudices invoqués par Laurine	Certain	Direct et personnel	Légitime	Dommage réparable ?
Vitrine brisée	Oui	Oui	Oui	Oui

Victor Morel voudrait voir exonérer la responsabilité de Morel Chimie SA dans les dommages causés à la rivière qui passe auprès de l'entreprise. La fissure au fond d'une cuve de stockage ne lui semble pas la cause évidente de cette pollution.

DOCUMENT 7 : Les conditions de la réparation du dommage

Pour que la responsabilité d'une personne juridique puisse être engagée, il faut qu'il y ait un lien de causalité entre le fait générateur et le dommage qui en résulte. Ce lien est apprécié par les juges.

FAIT GÉNÉRATEUR → *Lien de causalité* → DOMMAGE (OU PRÉJUDICE)

Le lien de causalité peut, cependant, disparaître dans une situation particulière : si une cause étrangère est à l'origine du dommage. Cette cause étrangère peut être constituée par un cas fortuit ou de force majeure (événement imprévisible et irrésistible, c'est-à-dire insurmontable), le fait d'un tiers ou la faute de la victime.

2. Victor Morel a-t-il une chance de voir écarter la responsabilité de Morel Chimie SA dans les dommages causés à la rivière ? Pourquoi ?

....

....

....

Victor Morel a reçu un mail de son avocat l'informant d'une action en justice d'une association de protection de l'environnement demandant réparation pour la pollution de la rivière. Victor Morel demande rendez-vous à son avocat car il voudrait connaître, si la responsabilité de Morel Chimie SA est retenue par les juges, les modalités de réparation des dommages attribués à la prétendue fuite de produits chimiques.

DOCUMENT 8 : Les modalités de réparation du dommage

Une personne qui a commis un dommage doit le réparer. En effet, si la responsabilité pénale a pour finalité de punir le responsable, la responsabilité civile a pour but unique de réparer le préjudice, tout le préjudice, mais rien que le préjudice.
La réparation ne tient pas compte de l'importance de la « faute » commise : une « faute » légère peut entraîner un préjudice important, et inversement.
Le dommage peut être réparé en nature ou par équivalent.
La réparation en nature consiste à remettre les choses matériellement dans l'état où elles étaient avant le dommage. C'est le cas par exemple lorsqu'une personne construit un bâtiment sans permis : le juge peut ordonner la destruction de celui-ci.
La réparation par équivalent est une compensation en argent sous forme de dommages-intérêts ; c'est de loin le cas le plus fréquent. La victime est libre de faire de l'indemnité pécuniaire qui lui est allouée l'emploi qu'elle veut. Elle n'est pas obligée d'affecter les dommages-intérêts à la réparation.

3. Si la responsabilité de Morel Chimie SA est retenue pour le dommage écologique causé à la rivière et à l'environnement, selon quelles modalités pourra être réparé ce dommage (ou préjudice) ?

....

....

2. LES DEUX TYPES DE RESPONSABILITÉ CIVILE

Situation 1

Un fournisseur s'est engagé à livrer à Morel Chimie SA 5 000 litres de chlore avant le 10 mars. Le 20 mars, ce fournisseur n'a encore rien livré. À la limite de la rupture de stock, Morel Chimie SA risque de perdre des clients.

Situation 2

Lors d'une livraison de produits chimiques chez un client, deux salariés de Morel Chimie SA ont effectué une erreur de manipulation et causé des dommages assez importants à l'entreprise voisine de leur client.

DOCUMENT 9 : Responsabilité contractuelle et responsabilité délictuelle

FAIT GÉNÉRATEUR DE LA RESPONSABILITÉ CIVILE

- FAUTE CONTRACTUELLE : inexécution ou mauvaise exécution du contrat ↔ RESPONSABILITÉ CONTRACTUELLE
- FAUTE PERSONNELLE, FAIT D'AUTRUI (SALARIÉ…), FAIT D'UNE CHOSE DONT ON A LA GARDE ↔ RESPONSABILITÉ DÉLICTUELLE

• Quel type de responsabilité est engagé dans la situation 1 ? dans la situation 2 ? Vous justifierez oralement votre réponse.

A. La responsabilité civile contractuelle

DOCUMENT 10 : Le fait générateur de la responsabilité contractuelle

La faute contractuelle résulte de l'inexécution de ses obligations par l'une des parties au contrat :
- inexécution totale : le vendeur ne livre pas le bien ;
- inexécution partielle ou défectueuse : le transporteur ne livre qu'une partie des colis ou un ou plusieurs colis sont abîmés ;
- retard dans l'exécution : un client ne règle pas sa dette à la date prévue.

1. Dans la situation 1 précédente, quelle est la faute contractuelle commise par le fournisseur de Morel Chimie SA ?

DOCUMENT 11 : Obligation de résultat et obligation de moyens

Pour savoir si le débiteur d'une obligation est en faute, il faut s'interroger sur la nature exacte de son obligation. Il est nécessaire, de ce point de vue, de distinguer les obligations de résultat et les obligations de moyens.

1. Les obligations de résultat

Le contractant, débiteur d'une obligation de résultat, doit procurer un résultat déterminé : livrer telle quantité de marchandises avant une date donnée, par exemple. La preuve de l'inexécution est, dans ce cas, facile : il suffit de prouver que le résultat n'a pas été atteint.

2. Les obligations de moyens

Le contractant, débiteur d'une obligation de moyens, ne promet pas à l'autre partie un résultat, mais seulement de mettre en œuvre tous les moyens dont il dispose pour faire de son mieux. Ainsi le médecin ne promet pas à son malade de le guérir, mais de le soigner consciencieusement, selon les données actuelles de la science. Dans ce cas, la preuve de l'inexécution est plus difficile : il ne suffit pas de prouver que le résultat n'a pas été atteint, mais il faut prouver que les soins ont été insuffisants ou mal donnés.

2. Dans la situation 1, Morel Chimie SA devra-t-elle prouver une faute de son fournisseur de chlore pour engager sa responsabilité ? Pourquoi ?

Trois salariés de Morel Chimie SA ont pu faire constater par leur médecin les conséquences néfastes pour leur santé d'une exposition prolongée aux produits chimiques dans l'entreprise.

DOCUMENT 12 : L'obligation de résultat de sécurité

L'article L. 4121-1 du Code du travail impose à l'employeur de prendre toutes les mesures nécessaires pour assurer la sécurité et protéger la santé physique et mentale des travailleurs.
Ces mesures d'obligation de sécurité envers les salariés comprennent :
- des actions de prévention des risques professionnels et de la pénibilité au travail ;
- des actions d'information et de formation ;
- la mise en place d'une organisation et de moyens adaptés.

De plus, l'employeur doit veiller à l'adaptation de ces mesures pour tenir compte du changement des circonstances et tendre à l'amélioration des situations existantes.
Depuis 2002, plusieurs arrêts de la Cour de cassation ont précisé que l'obligation générale de sécurité des employeurs était une obligation de sécurité de résultat dans le domaine de la protection de la santé et de la sécurité des salariés.
Ainsi, les mesures de sécurité sont assorties d'une obligation de résultat pour l'employeur.
Cette obligation de sécurité de résultat s'applique si un salarié est victime sur le lieu de travail de violences physiques ou morales, d'agissements de harcèlement moral.
L'obligation de sécurité de résultat est un principe général du droit dont l'employeur doit assurer l'effectivité et l'efficacité. En cas de contentieux juridique, l'employeur aura la charge de la preuve qu'il a pris toutes les mesures nécessaires efficaces pour remplir son obligation de sécurité.
À défaut, la responsabilité de l'employeur est engagée de plein droit, même s'il avait pris des mesures en vue de faire cesser ces faits.

http://infosdroits.fr, 11 avril 2017.

3. Les salariés de Morel Chimie SA auront-ils à prouver une faute de leur employeur pour être indemnisés ? Pourquoi ?

....

....

DOCUMENT 13 : L'obligation de sécurité de résultat de la SNCF

Les textes [...]
L'article 1353 du Code civil précise « Celui qui réclame l'exécution d'une obligation doit la prouver ». Autrement dit, il appartient au demandeur de faire la preuve de ses prétentions. Le passager victime d'un dommage à bord d'un train doit prouver l'existence du contrat de transport le liant à la SNCF (ce qui lui permet de se placer sur le terrain de la responsabilité contractuelle). Puis il doit prouver l'existence d'un préjudice.
La responsabilité de la SNCF étant une responsabilité de plein droit en matière de sécurité des passagers, il n'y a nul besoin de prouver une faute de la SNCF.
Le fait que les dommages se soient produits à l'occasion du transport suffit à démontrer l'inexécution de l'obligation par le transporteur. Le transporteur ne peut s'exonérer de sa responsabilité qu'en démontrant l'existence d'un cas de force majeure, d'une faute de la victime ou d'un fait d'un tiers. [...]

La jurisprudence
Dès les années 1915, les juges ont mis à la charge du transporteur (dont la SNCF) une obligation de sécurité de résultat. Cela signifie que la SNCF a l'obligation de transporter ses passagers sains et saufs de la gare de départ à celle d'arrivée, stipulées sur leurs titres de transport valables. La responsabilité contractuelle de la SNCF en la matière peut être engagée même en l'absence de faute commise par celle-ci.
L'obligation de sécurité de la SNCF s'étend à partir du moment où le voyageur commence à monter à bord du train et jusqu'au moment où il achève d'en descendre (arrêt de la première chambre civile de la Cour de cassation du 21 octobre 1997).
La plupart des décisions retenant la responsabilité contractuelle de la SNCF pour manquement à son obligation de sécurité sont rendues dans des affaires où l'accident s'est produit au moment de la montée ou de la descente du train. [...]
Toutefois, des arrêts de cour d'appel ont pu retenir la responsabilité de la SNCF en cas d'accident à bord du train.
Dans l'arrêt de la cour d'appel de Lyon du 30 octobre 2002, il s'agissait d'une femme qui avait chuté à bord du train suite à une secousse. Le jugement en première instance a reconnu la responsabilité de la SNCF pour manquement à son obligation de sécurité car elle ne prouvait pas qu'il y avait faute de la victime ou force majeure. La cour d'appel de Lyon a confirmé la décision de première instance.

www.fnaut.fr, 8 avril 2013.

4. Un voyageur blessé au cours d'un voyage en train doit-il prouver une faute de la SNCF pour obtenir réparation ? Pourquoi ?

B. La responsabilité civile délictuelle

DOCUMENT 14 : Le fait générateur de la responsabilité civile délictuelle

Dans le Code civil de 1804, la responsabilité civile délictuelle était fondée sur la faute (articles 1240, 1242[1]...) : l'objectif était d'imposer au fautif de réparer le dommage qu'il avait causé.
La jurisprudence a dû faire évoluer la responsabilité civile délictuelle pour prendre en compte le développement du machinisme et de l'industrialisation : la Cour de cassation a ainsi reconnu, en 1898, la responsabilité du fait des choses, puis une responsabilité générale du fait d'autrui dans certains cas. Pour cela, la Cour de cassation a utilisé en l'interprétant l'article 1242 du Code civil.

LA FAUTE PERSONNELLE : malveillance, imprudence, négligence →

Article 1240 : Tout fait quelconque de l'homme, qui cause à autrui un dommage, oblige celui par la faute duquel il est arrivé à le réparer.
Article 1241 : Chacun est responsable du dommage qu'il a causé non seulement par son fait, mais encore par sa négligence ou par son imprudence.

LE FAIT D'UNE CHOSE : machine, objet, véhicule →

Article 1242, alinéa 1 : On est responsable non seulement du dommage que l'on cause par son propre fait, mais encore de celui qui est causé par le fait des choses que l'on a sous sa garde.

LE FAIT D'AUTRUI : fait d'un salarié, d'un enfant mineur, etc. →

Article 1242, alinéa 1 : On est responsable [...] du dommage causé par le fait des personnes dont on doit répondre.
Article 1242, alinéa 5 : Les commettants (employeurs) [sont responsables] du dommage causé par [...] leurs préposés (salariés) dans les fonctions dans lesquelles ils les ont employés.
Article 1242, alinéa 7 : La responsabilité ci-dessus a lieu, à moins que les pères et mères [...] ne prouvent qu'ils n'ont pu empêcher le fait qui donne lieu à cette responsabilité.

1. Ces articles, parmi les plus connus du Code civil, portaient les numéros 1382 et 1384 jusqu'au 1er octobre 2016 (entrée en vigueur de l'ordonnance du 10 février 2016 qui a entraîné une nouvelle numérotation de nombreux articles du Code civil).

1. À quel cas de responsabilité civile délictuelle se rattache la situation 2 (page 129) ?

2. Quel est l'intérêt de l'article 1242 alinéa 5 du Code civil pour les victimes ?

3. À quel cas de responsabilité civile se rattache la pollution de la rivière voisine par Morel Chimie SA ?

LE DOMMAGE ET SA RÉPARATION

LES DIVERS TYPES DE DOMMAGES RÉPARABLES

LE DOMMAGE PATRIMONIAL

- **Dommage matériel :** détérioration ou destruction d'un bien, perte de chiffre d'affaires...
- **Dommage corporel :** éléments matériels du préjudice corporel (frais médicaux, pharmaceutiques, d'hôpital, perte de gains en cas d'arrêt de travail...).

LE DOMMAGE EXTRAPATRIMONIAL OU MORAL

Dommage psychologique causé à une personne.

- Atteinte à l'honneur, à l'image, à la vie privée...
- **Dommage moral par ricochet :** décès d'un être cher...
- **Éléments moraux en cas de préjudice corporel :** *pretium doloris*, préjudice esthétique, préjudice d'agrément...

LE DOMMAGE ÉCOLOGIQUE

LA RÉPARATION DU DOMMAGE

CARACTÈRES DU DOMMAGE RÉPARABLE

Pour être réparable, le dommage doit être légitime, certain, direct et personnel.

CONDITIONS DE LA RÉPARATION DU DOMMAGE

Il faut prouver un fait générateur, un dommage et un lien de causalité entre les deux (qui disparaît en cas de force majeure, de fait d'un tiers ou de faute de la victime : « les trois F »).

MODALITÉS DE RÉPARATION DU DOMMAGE

Réparation en nature ou réparation par équivalent (dommages et intérêts).

LES DEUX TYPES DE RESPONSABILITÉ CIVILE

LA RESPONSABILITÉ CONTRACTUELLE

La faute est due à l'inexécution ou à la mauvaise exécution du contrat.

- **L'obligation de moyens :** le créancier doit prouver la faute de son débiteur.
- **L'obligation de résultat :** pour prouver la faute du débiteur, il suffit de prouver que le résultat n'a pas été atteint.
- **Un cas particulier : l'obligation de résultat de sécurité** (d'abord dans le contrat de transport, puis généralisée à la sécurité, la santé physique et mentale des salariés dans l'entreprise).

LA RESPONSABILITÉ DÉLICTUELLE

- **Pour faute personnelle :** malveillance, imprudence, négligence...
- **Du fait des choses :** machine, objet, véhicule... dont on a la garde.
- **Du fait d'autrui :** de l'employeur du fait de ses salariés, des parents du fait de leurs enfants mineurs...

APPLICATION

Objectif BTS

Voir fiches méthodologiques

ANALYSER UNE SITUATION JURIDIQUE

Vous traiterez le dossier ci-dessous à l'aide de vos connaissances et des documents en annexe

Clément Aubin, ingénieur informatique employé par la Société Générale d'Optronique (SGO), a décidé d'arrondir ses fins de mois. Pour cela, il a utilisé ses talents en informatique pour se connecter, pendant ses heures de travail à la SGO, sur le site de la Banque Centrale de Crédit et vider le compte de plusieurs de ses clients.

La Banque Centrale de Crédit, qui dispose elle-même d'un expert en sécurité informatique, a immédiatement repéré l'ordinateur pirate. Le directeur général de la Banque Centrale de Crédit a adressé un mail au directeur général de la Société Générale d'Optronique exigeant sans délai la restitution des fonds détournés par son salarié.

Vous indiquerez au directeur général de la Société Générale d'Optronique si la responsabilité civile délictuelle de la Société Générale d'Optronique est engagée dans cette affaire.

ANNEXE 1 : Cour de cassation, chambre civile, 22 janvier 1997 : Compagnie Nationale Air France contre compagnie La Union et Phénix espagnol

Attendu, selon l'arrêt attaqué (Aix-en-Provence, 26 janvier 1995) que des bagagistes, préposés de la compagnie Air France, ont volé, dans un aéroport, des billets de banque contenus dans des sacs postaux devant être embarqués dans les soutes d'avions en partance ; que la compagnie La Union et Phénix espagnol, assureur de la victime, après avoir indemnisé celle-ci, a assigné la compagnie Air France en remboursement des sommes ainsi versées ;

Attendu qu'il est fait grief à l'arrêt d'avoir accueilli cette demande alors que, selon le moyen, d'une part, le commettant s'exonère de sa responsabilité si son préposé a agi hors des fonctions auxquelles il était employé, sans autorisation et à des fins étrangères à ses attributions ; que le préposé se place nécessairement hors de ses fonctions lorsqu'il agit à des fins non seulement étrangères, mais contraires à ses attributions ; que tel est le cas du bagagiste qui, chargé de transporter et de surveiller des sacs postaux, en dérobe le contenu ; qu'ayant constaté que les préposés de la compagnie Air France avaient dérobé le contenu de bagages qu'ils avaient pour fonction d'embarquer dans les soutes des avions, la cour d'appel devait en déduire qu'ils avaient agi à des fins non seulement étrangères mais encore contraires à leurs attributions et s'étaient ainsi placés hors de leur fonction ; qu'en décidant le contraire, elle a violé l'article 1384, alinéa 5, du Code civil[1] ; d'autre part, à tout le moins, en se bornant à relever, de façon insuffisante, que les préposés de la compagnie Air France avaient trouvé dans leurs fonctions mêmes l'occasion et les facilités

1. L'article 1384, alinéa 5, du Code civil est devenu l'article 1242 alinéa 5 depuis le 1er octobre 2016.

nécessaires à la commission de l'infraction, sans rechercher s'ils n'avaient pas agi à des fins contraires à leurs attributions, la cour d'appel a privé sa décision de base légale au regard de l'article 1384, alinéa 5, du Code civil ;
Mais attendu que l'arrêt retient que les préposés d'Air France ont commis les vols pendant leurs heures de service alors qu'ils procédaient, conformément à leur fonction de bagagistes, à l'embarquement des bagages dans les soutes des avions en partance et qu'ils ont pu, en outre, dissimuler et sortir le produit des vols sans être inquiétés en raison de leur qualité d'employés d'Air France ;
Qu'en l'état de ces constatations et énonciations, la cour d'appel a pu déduire, sans encourir les griefs du moyen, que les préposés de la compagnie Air France n'avaient pas agi hors de leurs fonctions ;
D'où il suit que le moyen n'est pas fondé ;

PAR CES MOTIFS :

REJETTE le pourvoi ;

ANNEXE 2 : Article 1242, alinéa 5, du Code civil

Les commettants (employeurs) [sont responsables] du dommage causé par [...] leurs préposés (salariés) dans les fonctions dans lesquelles ils les ont employés.

11 LA RESPONSABILITÉ DU FAIT DES PRODUITS DÉFECTUEUX

Siphon dangereux

Le tribunal de grande instance de Montauban a accordé plus d'un million d'euros en réparation des préjudices subis par une jeune mère de famille grièvement blessée par l'explosion d'un siphon à chantilly, a indiqué son avocate.

La victime, âgée de 30 ans au moment des faits, avait eu la moitié du visage déformée, le crâne fracturé, une hémorragie intracrânienne, sous l'effet de l'explosion du siphon alors qu'elle préparait une mousse le 21 décembre 2013.

www.sudouest.fr, 5 août 2017.

Rappel de produits

Samsung a annoncé officiellement un rappel des produits défectueux, en avertissant les utilisateurs de ne pas utiliser les machines pour éviter d'être blessé. La partie supérieure des machines à laver se détacherait du châssis pendant le fonctionnement. Ces défauts concernent trente-quatre de ses modèles. L'entreprise confirme par ailleurs que déjà 733 accidents ont eu lieu à cause de ces défaillances. Neuf ont occasionné des blessures.

www.numerama.com.

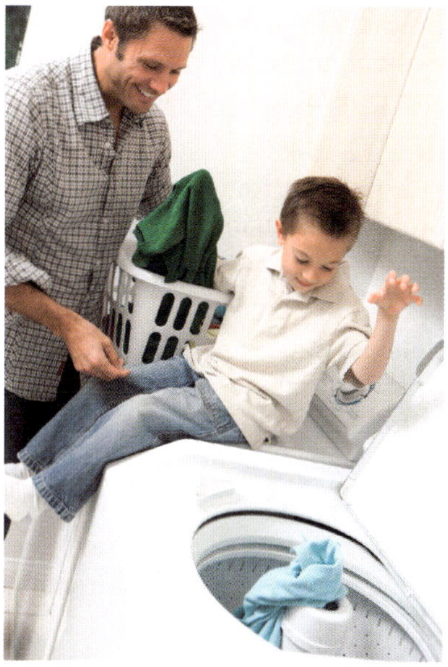

1. Quels sont les points communs entre les produits évoqués dans ces deux documents ?
2. Quelles sont, selon vous, les conséquences juridiques pour le producteur en cas de dommage ?

1. LE CHAMP D'APPLICATION DE LA RESPONSABILITÉ DU FAIT DES PRODUITS DÉFECTUEUX

Nadia Lemaire vient d'acquérir un sèche-cheveux de la marque Babyson chez Carreclerc. Lors de la première utilisation, l'appareil s'est mis à chauffer de manière importante puis a explosé dans les mains de Nadia. Celle-ci est légèrement blessée au cuir chevelu et à la main. Le sèche-cheveux a été projeté sur le miroir de la salle de bains qui s'est brisé sous le choc, de plus, la tapisserie a été endommagée.

DOCUMENT 1 : Une responsabilité sans faute

La responsabilité du fait des produits défectueux a été mise en place par la loi du 19 mai 1998, en application d'une directive européenne du 25 juillet 1985.
Un régime particulier semblait nécessaire d'une part pour harmoniser les règles au sein de l'Union européenne et d'autre part pour mieux protéger les consommateurs.
La loi du 19 mai 1998, incorporée dans les articles 1245-1 à 1245-17 du Code civil crée un régime de responsabilité sans faute dite encore objective ou de plein droit.
Cette responsabilité obéit à un régime spécial car elle ignore la distinction traditionnelle entre responsabilité contractuelle et délictuelle : que ce soit l'acheteur qui subisse le dommage ou un tiers, ce sont les mêmes règles qui s'appliquent.

DOCUMENT 2 : Extraits du Code civil (loi de 1998)

Article 1245
Le producteur est responsable du dommage causé par un défaut de son produit, qu'il soit ou non lié par un contrat avec la victime.

Article 1245-2
Est un produit tout bien meuble, même s'il est incorporé dans un immeuble, y compris les produits du sol, de l'élevage, de la chasse et de la pêche. L'électricité est considérée comme un produit.

Article 1245-3
Un produit est défectueux au sens du présent chapitre lorsqu'il n'offre pas la sécurité à laquelle on peut légitimement s'attendre. [...]

Article 1245-4
Un produit est mis en circulation lorsque le producteur s'en est dessaisi volontairement. [...]

Article 1245-5
Est producteur, lorsqu'il agit à titre professionnel, le fabricant d'un produit fini, le producteur d'une matière première, le fabricant d'une partie composante.
[...]

Article 1245-6
Si le producteur ne peut être identifié, le vendeur, le loueur [...] ou tout autre fournisseur professionnel, est responsable du défaut de sécurité du produit, dans les mêmes conditions que le producteur, à moins qu'il ne désigne son propre fournisseur ou le producteur, dans un délai de trois mois à compter de la date à laquelle la demande de la victime lui a été notifiée.

Le recours du fournisseur contre le producteur obéit aux mêmes règles que la demande émanant de la victime directe du défaut. Toutefois, il doit agir dans l'année suivant la date de sa citation en justice.

1. Le sèche-cheveux de Nadia peut-il être considéré comme un produit défectueux ?

....

....

2. Quel type de biens n'entre pas dans le champ d'application de la loi du 19 mai 1998 ?

....

3. Nadia a l'intention de poursuivre en justice le vendeur Carreclerc. Qu'en pensez-vous ?

....

....

4. Si une personne autre que Nadia avait été blessée lors de l'explosion, aurait-elle pu être indemnisée sur les bases de la loi de 1998 ?

....

....

2. LA MISE EN ŒUVRE DE LA RESPONSABILITÉ DU FAIT DES PRODUITS DÉFECTUEUX

Situation

Les dégâts constatés dans la salle de bains de Nadia Lemaire s'élèvent à 950 €. D'autre part, les frais médicaux (quatre points de suture au cuir chevelu et brûlure au second degré à la main droite) sont de 420 €.
Le sèche-cheveux d'une valeur de 68 € est hors d'usage.

DOCUMENT 3 : Code civil : responsabilité du fait des produits défectueux

Article 1245-1
Les dispositions du présent chapitre s'appliquent à la réparation du dommage qui résulte d'une atteinte à la personne.
Elles s'appliquent également à la réparation du dommage supérieur à un montant déterminé par décret[1], qui résulte d'une atteinte à un bien autre que le produit défectueux lui-même.

1. Ce montant a été fixé à 500 €.

DOCUMENT 4 : Sortie en mer

Lors d'une sortie en mer, un bateau perd son mât en pleine navigation. Le propriétaire du bateau et son assureur assignent donc le fabricant en réparation du préjudice subi, sur le fondement de la responsabilité du fait des produits défectueux.
La société fabricante est condamnée en première instance à réparer le dommage. La condamnation est confirmée par la cour d'appel.
La société fabricante se pourvoit en cassation. [...] Elle reproche à la cour d'appel d'avoir retenu sa responsabilité alors que la réparation ne peut résulter d'une atteinte au produit défectueux lui-même.
Comment est caractérisée la défectuosité du produit ? La réparation du dommage s'étend-elle au dommage subi par le produit lui-même ?
La Cour de cassation rappelle que la défectuosité du produit consiste en un défaut de sécurité causant un dommage à une personne ou un bien autre que le produit défectueux lui-même.
En effet, la mise en jeu de la responsabilité de l'article 1245 du Code civil est possible en présence d'un produit, qui doit être mis en circulation et présenter une défectuosité.
Cette défectuosité est révélée par le défaut de sécurité auquel on pouvait légitimement s'attendre.
La Cour de cassation considère, qu'en l'espèce, le défaut de sécurité n'était pas constaté et donc que la défectuosité du produit n'est pas caractérisée.
De plus, même si elle était caractérisée, la réparation ne peut porter sur le dommage subi par le produit

défectueux. Elle réitère ici une position classique, fondée sur l'article 1245-1 du Code civil qui dispose expressément que la réparation, découlant de la responsabilité du fait des produits défectueux, s'applique aux dommages causés aux personnes ainsi qu'aux biens autres que celui défectueux. [...] Ainsi, la réparation subie par le produit défectueux ne peut relever de la responsabilité du fait des produits défectueux. Toutefois, on peut agir également sur le fondement de la garantie des vices cachés.

Civ. 1re, 14 octobre 2015. D'après https://actu.dalloz-etudiant.fr.

DOCUMENT 5 : La garantie légale des vices cachés

Elle s'applique dans tous les contrats de vente, même si aucune mention relative à la garantie ne figure de manière explicite dans le contrat de vente et même si le contrat ne comporte pas d'écrit.
La garantie légale est limitée aux défauts cachés de la chose vendue.
Pour qu'il y ait vice caché, il faut :
- *que celui-ci soit antérieur à la vente :* il s'agit d'un vice de conception ou de fabrication ; mais le vendeur n'a pas à garantir les défauts de la chose survenus à la suite d'une mauvaise utilisation de la chose vendue, du non-respect du mode d'emploi, d'un défaut d'entretien ;
- *que le défaut ne soit pas apparent :* l'acheteur doit procéder à un examen attentif de la chose et émettre des réserves auprès du vendeur s'il constate un défaut ;
- *que le défaut n'ait pas été révélé à l'acheteur* ;
- *que le défaut soit grave :* le défaut doit rendre la chose impropre à l'usage auquel elle était destinée ou diminuer tellement cet usage que l'acheteur ne l'aurait pas achetée s'il avait connu ce défaut.

Remarque : Si l'acheteur veut faire jouer la garantie légale, il doit agir dans un délai de deux ans à partir de la découverte du vice (article 1648 du Code civil). Mais la loi ne fixe aucune limitation dans le temps pour cette garantie.

Le Particulier, n° 722.

1. Dans l'affaire du mât brisé, quelle a été la décision des juges du fond ? Quelle a été la décision de la Cour de cassation ?

....

....

2. Quels sont les arguments de la Cour de cassation ?

....

....

....

....

3. Le propriétaire du bateau pourra-t-il, selon vous, être indemnisé ? Sur quelle base juridique ?

....

....

....

4. Qualifiez les dommages subis par Nadia Lemaire.

....

5. Quels sont les dommages qui pourront être indemnisés au titre de la responsabilité du fait des produits défectueux ? Pourra-t-elle obtenir le remboursement de son sèche-cheveux ?

....

....

....

DOCUMENT 6 : Code civil (extraits)

Article 1245-8
Le demandeur doit prouver le dommage, le défaut et le lien de causalité entre le défaut et le dommage.

Article 1245-9
Le producteur peut être responsable du défaut alors même que le produit a été fabriqué dans le respect des règles de l'art ou de normes existantes ou qu'il a fait l'objet d'une autorisation administrative.

Article 1245-14
Les clauses qui visent à écarter ou à limiter la responsabilité du fait des produits défectueux sont interdites et réputées non écrites. [...]

DOCUMENT 7 : Vaccination

En matière médicale, la Cour de cassation a jugé qu'un lien de causalité entre l'acte médical et le dommage en résultant doit être clairement établi par des experts. En l'espèce, la cour d'appel avait débouté l'action d'une femme qui estimait que la vaccination reçue par son fils était à l'origine de la sclérose en plaques de ce dernier. Pour la débouter, la Cour a retenu que « les experts sont quasi unanimes pour conclure qu'un lien de causalité entre la vaccination et la sclérose en plaques ne pouvait être démontré ».

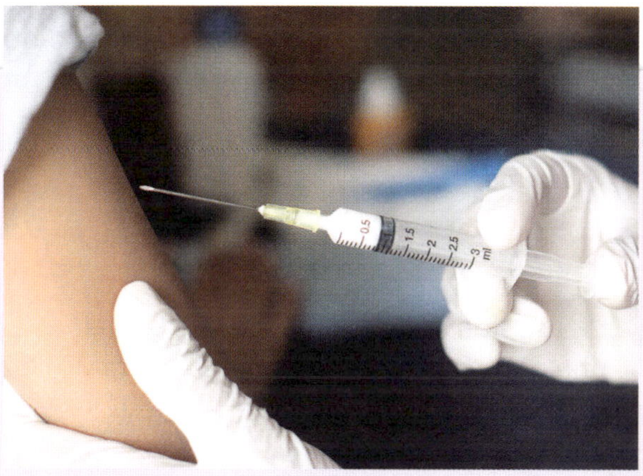

www.net-iris.fr.

6. Quelles sont les conditions qui doivent être réunies pour que Nadia Lemaire puisse intenter une action en justice avec des chances de succès ?

...

7. Ces conditions vous paraissent-elles réunies ?

...

8. Dans l'affaire décrite dans le document 7, ces conditions étaient-elles remplies ?

...

9. Un responsable de l'entreprise Babyson, fabricant du sèche-cheveux, estime que sa responsabilité ne peut être retenue car toutes les normes en vigueur ont été respectées. De plus, il déclare que cette affaire lui servira de leçon et que désormais il prévoira dans ses contrats de vente une clause ainsi libellée « Le client s'engage à ne pas intenter contre le fabricant une action basée sur la responsabilité du fait des produits défectueux ». Qu'en pensez-vous ?

...

DOCUMENT 8 : Code civil (extraits)

Article 1245-15
Sauf faute du producteur, la responsabilité de celui-ci, fondée sur les dispositions du présent chapitre, est éteinte dix ans après la mise en circulation du produit même qui a causé le dommage à moins que, durant cette période, la victime n'ait engagé une action en justice.

Article 1245-16
L'action en réparation fondée sur les dispositions du présent chapitre se prescrit dans un délai de trois ans à compter de la date à laquelle le demandeur a eu ou aurait dû avoir connaissance du dommage, du défaut et de l'identité du producteur.

10. Complétez le schéma ci-dessous en indiquant les deux délais mentionnés aux articles 1245-15 et 1245-16.

11. L'explosion du sèche-cheveux a eu lieu le 2 janvier 2017 mais Nadia ne s'est décidée à intenter une action en justice que le 27 mars 2017. Est-elle encore dans les délais pour agir ?

....

12. Si Nadia n'avait utilisé son sèche-cheveux qu'en février 2027, aurait-elle pu intenter une action en justice ?

....

3. LES CAUSES D'EXONÉRATION DU PRODUCTEUR

Nadia Lemaire a décidé d'intenter une action en justice contre Babyson. L'avocat de cette société, après avoir étudié l'article 1245-10, estime qu'il a peu de chances d'obtenir une exonération de responsabilité en se basant sur cet article. Par contre, il a l'intention de plaider la faute de la victime mentionnée à l'article 1245-12 du Code civil. Il estime en effet que Nadia a utilisé le sèche-cheveux pendant une durée trop importante, ce qui a provoqué une surchauffe et donc l'explosion.

DOCUMENT 9 : Exonération

Certains faits peuvent exonérer totalement ou partiellement le producteur mis en cause du fait de son produit défectueux.
L'article 1245-10 du Code civil énonce cinq causes d'exonération totale de la responsabilité du producteur.
Premièrement, est exonéré le producteur qui n'a pas mis le produit en circulation, qui ne s'est donc pas dessaisi volontairement de ce produit pour le mettre sur le marché.
Deuxièmement, le producteur est exonéré lorsque le défaut qui a causé le dommage n'existait pas au moment de la première mise en circulation ou lorsque ce défaut est né postérieurement à la pre-

mière mise en circulation.
Troisièmement, est exonératoire le fait que le produit en question n'était pas destiné à la vente ou à toute autre forme de distribution.
Quatrièmement, si l'état des connaissances scientifiques ou techniques au moment où le produit a été mis en circulation n'a pas permis de déceler le défaut, il exonère le producteur de sa responsabilité. [...]
Et cinquièmement, la responsabilité du producteur ne sera pas engagée lorsque le défaut est dû [...] à la conformité du produit en question avec les règles impératives d'ordre législatif ou réglementaire.

www.documentissime.fr.

DOCUMENT 10 : Code civil (extraits)

Article 1245-12
La responsabilité du producteur peut être réduite ou supprimée, compte tenu de toutes les circonstances, lorsque le dommage est causé conjointement par un défaut du produit et par la faute de la victime ou d'une personne dont la victime est responsable.

Article 1245-13
La responsabilité du producteur envers la victime n'est pas réduite par le fait d'un tiers ayant concouru à la réalisation du dommage.

DOCUMENT 11 : Crise d'urticaire

Après avoir utilisé une teinture pour cheveux de L'Oréal, j'ai eu d'importantes crises d'urticaire. Cela ne m'était jamais arrivé auparavant. Mon coiffeur m'a dit que je n'étais pas la seule à avoir subi de tels désagréments avec ce produit. Puis-je engager la responsabilité du fabricant ?

Michelle V., St-Nom-la-Bretèche (78).

Que choisir : Oui, un fabricant est responsable des dommages causés par les défauts des produits qu'il met sur le marché (art. 1245, Code civil). Mais sa responsabilité n'est pas automatique. Ce n'est pas parce qu'il provoque une réaction allergique qu'un produit est défectueux. Il faut démontrer que cette teinture n'offre pas la sécurité que vous êtes en droit d'attendre (art. 1245-3, Code civil). C'est par exemple le cas si la notice ne met pas assez en garde sur les risques liés à son utilisation.

Que choisir, n° 563, novembre 2017.

1. Rappelez les conditions classiques d'exonération de la responsabilité étudiées dans le chapitre 10.

....

....

....

....

2. Quelles sont les causes d'exonération en matière de responsabilité du fait des produits défectueux ?

....

....

....

....

....

3. À quelle condition, selon vous, Babyson pourrait-elle être exonérée de sa responsabilité ?

....

....

LA RESPONSABILITÉ DU FAIT DES PRODUITS DÉFECTUEUX

CHAMP D'APPLICATION DE LA RESPONSABILITÉ DU FAIT DES PRODUITS DÉFECTUEUX

LOI DE 1998 = Responsabilité de plein droit.

- Un producteur (fabricant)
- Un produit : bien meuble défectueux, c'est-à-dire qui n'offre pas la sécurité attendue.
- Un dommage

MISE EN ŒUVRE DE LA RESPONSABILITÉ DU FAIT DES PRODUITS DÉFECTUEUX

CONDITIONS

Le demandeur doit prouver :
– le dommage,
– la défectuosité du produit,
– le lien de causalité entre le défaut et le dommage.

DÉLAIS

L'action doit être intentée :
– dans les dix ans de la mise en circulation du produit,
– dans les trois ans à partir du moment où le demandeur a eu connaissance du défaut.

La loi de 1998 ne prend en compte que les dommages corporels et les dommages matériels supérieurs à 500 € autres que le produit défectueux lui-même.

LES CAUSES D'EXONÉRATION DU PRODUCTEUR

Outre les cas classiques d'exonération (force majeure, faute de la victime, fait d'autrui), plusieurs causes spécifiques sont prévues, notamment :
– le producteur n'a pas mis le produit en circulation ou le produit n'était pas destiné à la vente,
– le défaut est apparu postérieurement à la première mise en circulation,
– l'état des connaissances scientifiques ou techniques au moment où le produit a été mis en circulation n'a pas permis de déceler le défaut,
– la victime a commis une faute.

APPLICATION

Objectif BTS

Voir fiches méthodologiques

ANALYSER UNE SITUATION JURIDIQUE

Vous traiterez le dossier ci-dessous à l'aide de vos connaissances et du document en annexe

Nicolas Berlusco vient d'avoir 28 ans. En se regardant ce matin dans un miroir, il a constaté qu'il commençait à perdre ses cheveux. Nicolas est très soucieux de son apparence et décide de s'adresser à un dermatologue, le docteur Halvy. Ce dernier décide de lui injecter un nouveau produit « Longhair plus » commercialisé par le laboratoire Arnoc.

Quelques jours après l'intervention, Nicolas constate l'apparition sur son crâne de boutons rouges disgracieux qui sont, sans contestation, la conséquence des injections.

Nicolas envisage une action en justice contre le laboratoire Arnoc. En relisant attentivement la notice figurant dans la boîte de « Longhair plus », il constate que si la composition du produit est bien détaillée, aucune mise en garde ne figure quant à son utilisation.

Vous indiquerez à Nicolas Berlusco si l'action en justice qu'il envisage contre le laboratoire Arnoc sur la base de la responsabilité du producteur du fait des produits défectueux a des chances de succès.

ANNEXE : Bouteille de gaz

Le producteur de bouteille de gaz est responsable du dommage causé en raison de la défectuosité du produit, sans pouvoir se prévaloir de la faute de la victime qui n'était pas en mesure de se rendre compte de l'erreur commise, n'ayant pas eu accès à la notice d'information du contrat de consignation.

La loi n° 98-389 du 19 mai 1998, transposant tardivement la directive européenne n° 85/374 du 25 juillet 1985, a introduit dans le Code civil un titre relatif à la responsabilité du fait des produits défectueux (C. civ., art. 1245 à 1245-17). Aux termes de l'article 1245-3 du Code civil, le produit défectueux est celui qui « n'offre pas la sécurité à laquelle on peut légitimement s'attendre ». Ce régime prévoit que « le producteur est responsable du dommage causé par un défaut de son produit » (C. civ., art. 1245). Ainsi, il s'agit d'une responsabilité légale qui ne fait aucune distinction entre la responsabilité délictuelle et contractuelle : le producteur est donc responsable « qu'il soit ou non lié par un contrat avec la victime » (C. civ., art. 1245). La victime pouvant être notamment l'acquéreur du produit, un utilisateur ou un tiers. On dit aussi que cette responsabilité est une responsabilité de plein droit, pouvant être engagée du seul fait que le défaut du produit est à l'origine du dommage et donc indépendamment de toute faute du producteur. Toutefois, il existe des causes d'exonération, prévues à l'article 1245-10 du Code civil.

En l'espèce, un homme, qui occupait provisoirement la maison de son père, a été victime de l'explosion d'une bouteille de gaz propane ayant servi à l'alimentation d'une gazinière prévue pour fonctionner avec du gaz butane.

Il s'agissait de déterminer si la victime pouvait obtenir réparation de son préjudice en invoquant la responsabilité du fabricant du fait de la défectuosité du produit.

La cour d'appel a retenu le caractère défectueux de

la bouteille de gaz en se fondant sur la présentation du produit, conformément à l'alinéa 2 de l'article 1245-3 du Code civil. En effet, la cour a considéré d'une part, que « l'aspect extérieur de la bouteille ne permettait pas d'identifier la nature du gaz vendu, la couleur n'étant que le signe distinctif d'une marque », et d'autre part, que la bouteille de gaz ne présentait pas une information suffisante sur la sécurité.

La jurisprudence a d'ores et déjà estimé que le défaut d'information de la notice suffisait à caractériser la défectuosité du produit. À titre d'exemple, la Haute juridiction a condamné le producteur de béton en retenant l'insuffisance d'information des documents contractuels qui n'attirait en rien l'attention d'un client sur « la nécessité de porter des couvre-bottes et des vêtements de protection imperméables à l'eau pour éviter tout contact avec la peau » lors de la manipulation du béton (Civ. 1re, 7 nov. 2006). Dans le domaine médical, le fait que la notice d'utilisation d'un produit destiné au traitement des rides remise aux médecins ait mentionné le risque d'effets secondaires, alors que la plaquette publicitaire remise à la victime ne le mentionnait pas, caractérise la défectuosité du produit (Civ. 1re, 22 nov. 2007). En outre, la défectuosité du vaccin contre l'hépatite B peut être tirée de l'absence de mention, dans la notice, du risque de contracter la sclérose en plaques (Civ. 1re, 9 juil. 2009).

Afin de s'extirper de cette situation, le producteur se pourvoit en cassation.

Dans un premier temps, il soulève l'absence de défaut du produit, plaidant le fait que le caractère défectueux d'un produit s'apprécie « indépendamment de sa dangerosité intrinsèque ». En effet, le seul fait que certains produits soient dangereux par nature, notamment les armes, ne peut suffire à engager la responsabilité du fabricant. Ainsi, le danger doit dépasser celui auquel on peut légitimement s'attendre, plus précisément, il doit être anormal ou excessif aux vues de l'objet en cause. La Haute juridiction a pu considérer que le fait que certains principes actifs d'un médicament soient dangereux, ne suffisait pas à caractériser le défaut du produit (Civ. 1re, 5 avr. 2005).

Dans un second temps, le producteur a invoqué la faute de la victime. Outre les causes d'exonération prévues à l'article 1245-10 du Code civil, le producteur peut tenter d'agir sur le fondement de la faute de la victime pour réduire ou supprimer sa responsabilité « lorsque le dommage est causé conjointement par un défaut du produit et par la faute de la victime » (C. civ., art. 1245-12).

En l'espèce, la Cour de cassation a rejeté le pourvoi considérant que le produit est défectueux au motif que « les détendeurs des gaz butane et propane sont similaires et peuvent être fixés indifféremment sur toute bouteille de gaz ».

La Cour a également estimé que la faute de la victime ne pouvait être retenue puisque celle-ci n'était pas en mesure de se rendre compte de l'erreur commise lors de l'échange d'une bouteille vide contre une pleine en raison de « l'absence de connectique spécifique qui rendait impossible l'alimentation par une bouteille de gaz propane d'une installation fonctionnant au gaz butane ».

On retiendra de l'arrêt que la défectuosité ne s'apprécie pas uniquement par rapport au produit lui-même mais également en tenant compte de toutes les circonstances comme, notamment, sa présentation et plus particulièrement sa notice d'information.

Civ., 1re, 4 fév. 2015.

http://actu.dalloz-etudiant.fr.

12 ASSURANCE, MUTUALISATION ET SOCIALISATION DU RISQUE

Rupture d'un robinet incendie en pleine nuit

Aux alentours de minuit, un robinet incendie a cédé dans la cartonnerie Celta installée à l'étage du bâtiment. L'eau s'est déversée jusqu'à ce que les alarmes se déclenchent vers 7 heures. « 300 litres par minute, c'est le débit de ce robinet », précise Valéry Peyret, le patron de cette entreprise qui ne cache pas son désarroi. Il attend des consignes des experts mais estime qu'il y en a pour 300 à 400 000 € de stock, sans compter les travaux de réfection qui suivront. « Certes, nous sommes assurés mais nous pourrions perdre des clients du fait du retard dans les livraisons », s'inquiète le dirigeant de Peyret SA fondée en 1949. Le grossiste fournit les buralistes de la Loire et de vingt-quatre autres départements. Les trente salariés sont prêts à mettre les bouchées doubles. En attendant, les emballeurs et les préparateurs de commande nettoient comme ils peuvent ; les magasiniers remplissent une benne sur le quai.

www.francebleu.fr, 10 juillet 2017.

1. **Quels sont les dommages causés à l'entreprise Celta ?**

2. **Quel sera le rôle de l'assurance à la suite de cet accident ? Quelle sera la limite de cette intervention ?**

1. L'ASSURANCE ET LA MUTUALISATION

A. Le principe de l'assurance

Jules Pompert a obtenu un BTS négociation et relation client depuis déjà cinq ans. Après une première expérience dans une grande surface spécialisée de vente d'articles de sport, il décide de créer un centre de remise en forme.
Il a rendez-vous aujourd'hui dans un centre de formalités des entreprises pour obtenir des informations sur les démarches nécessaires à la création de son entreprise.
Son interlocuteur attire son attention sur la nécessité de s'assurer. Jules n'y avait pas pensé et souhaite obtenir des informations sur le rôle de l'assurance.

DOCUMENT 1 : Le fonctionnement des assurances

Comment fonctionne une assurance ? Un exemple vaut mieux qu'un long discours.
Prenons une classe de quinze élèves où chacun possède une console de jeux à 150 €. Évidemment, ce que chacun craint le plus, en l'emmenant à l'école, c'est qu'on la lui vole ou qu'il la perde. Parce que, si cela devait malheureusement arriver, il ne pourrait peut-être pas s'en racheter une dans l'immédiat ou ses parents refuseraient de lui en offrir une nouvelle. Imaginons alors que chaque élève verse une somme de 10 € et que les 150 € ainsi récoltés soient mis de côté dans un pot commun. Ainsi, si un des élèves se fait voler sa console ou la casse à la récréation, la classe pourra utiliser les 150 € mis de côté pour lui acheter une nouvelle console. Eh bien, les assurances, ça fonctionne exactement comme ça : chacun cotise dans un pot commun pour un risque possible (incendie de maison, accident de voiture, hospitalisation...), même s'il espère évidemment qu'il ne lui arrivera rien. Mais si un de ces malheurs devait quand même arriver, les assurances pourraient alors « piocher » dans le pot commun pour l'aider à remettre en état sa maison, racheter une voiture ou payer ses factures d'hôpital.
Il y a donc une notion de solidarité, de mutualisation (mise en commun des risques), dans les assurances.

Des primes pour la police

Quand on souscrit (prend) une assurance, quelle qu'elle soit (on verra plus loin les différents types d'assurances qui existent), on signe un contrat, qu'on appelle « police d'assurance ». C'est la preuve de l'engagement pris entre deux parties (l'assureur et le preneur d'assurance, aussi appelé l'assuré). Ce dernier doit alors verser régulièrement une certaine somme d'argent à l'assureur appelée « prime ». Cette prime est calculée en fonction de plusieurs critères, comme par exemple l'âge du preneur d'assurance, le risque concerné, la valeur du bien à assurer...

Franchise

La franchise est la somme qui reste à la charge de l'assuré après l'indemnisation par l'assureur.
Par exemple, si votre contrat prévoit une franchise de 250 € et que vos dommages s'élèvent à 1 000 €, l'indemnité qui sera versée par votre assureur sera de 1 000 – 250 = 750 €.

www.lavenir.net.

DOCUMENT 2 : Pourquoi assurer son entreprise ?

Une entreprise est exposée à plusieurs risques :
- elle peut tout d'abord subir des sinistres comme un incendie, une inondation, une tempête, un vol... ;
- elle peut également causer des dommages à autrui : un incendie peut se propager dans le voisinage, un véhicule ou une machine peut blesser un salarié, un client ou un tiers...

La responsabilité civile professionnelle est l'obligation de réparer les dommages matériel, corporel ou moral causés à autrui.

Certaines assurances sont obligatoires, c'est le cas de l'assurance automobile ou de l'assurance décennale qui oblige les professionnels du bâtiment à garantir la réparation des vices de construction pendant dix ans à partir de la date de réception des travaux. Les professionnels du droit (notaires, avocats) ont également l'obligation de s'assurer.
Dans les autres professions, même si l'assurance n'est pas obligatoire, elle est néanmoins indispensable. Un sinistre peut en effet mettre en péril la pérennité de l'entreprise.

Sinistre

En matière d'assurance, le sinistre est la réalisation d'un événement prévu au contrat entraînant la prise en charge financière du dommage.
Exemple : un incendie, une inondation, un vol...

DOCUMENT 3 : Risque

La notion de risque est une notion clé en matière d'assurance, il s'agit d'un événement aléatoire redouté par un assuré pour ses conséquences financières. L'aléa repose sur trois critères :
- **le futur** : on ne peut assurer un accident de voiture qui s'est déjà produit ;
- **l'incertain** : on ne peut assurer un risque certain qui se réalisera à une date connue ;
- **l'involontaire** : on ne peut assurer les dommages que l'assuré cause ou se cause de façon volontaire.

www.lafinancepourtous.com.

1. Quels sont les risques auxquels est exposée l'entreprise de Jules Pompert ?

2. Expliquez à Jules Pompert le mécanisme de l'assurance en complétant le schéma ci-dessous à l'aide des mots ou expressions suivants : *police*, *prime*, *compagnie d'assurance* (ou *assureur*) *assuré*, *indemnisation en cas de sinistre*.

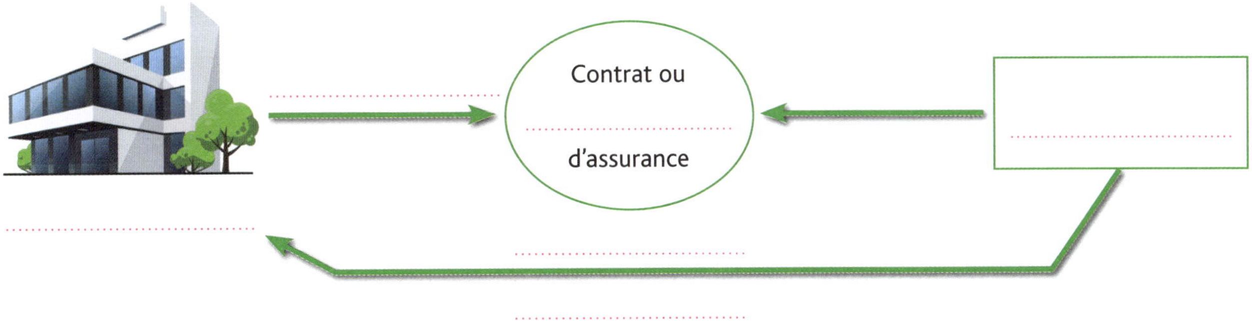

3. Conseilleriez-vous à Jules Pompert de contracter une assurance ? Pourquoi ?

4. En quoi peut-on dire que l'assurance est une illustration de la notion de mutualisation ?

B. Les principaux contrats d'assurance

Jules Pompert a pu mener à bien son projet. Il a acheté un local de 280 m² dans lequel il a installé plusieurs appareils de renforcement musculaire ainsi qu'un hammam et un sauna.
Ce matin, en se rendant à son travail, il constate avec tristesse qu'un incendie s'est déclaré pendant la nuit. Les dégâts sont importants : trois tapis de course sont hors d'usage, le sauna est inutilisable et la moquette et la tapisserie sont entièrement brûlées. Le centre de remise en forme devra fermer ses portes pendant un mois environ. De plus, l'incendie s'est propagé dans le garage de la maison mitoyenne. La moto qui s'y trouvait a été entièrement détruite. Heureusement, Jules avait souscrit à une assurance de biens et une assurance responsabilité civile.

DOCUMENT 4 : Les différentes garanties sur les biens

L'assurance de dommages sur les biens concerne la perte, la destruction ou la détérioration que vos biens professionnels peuvent subir à la suite d'un sinistre. Pour que vous soyez correctement couvert, la valeur de vos biens assurés doit être estimée au plus juste. C'est en effet en fonction de cette estimation que seront calculées les primes et les indemnisations éventuelles. Or, une évaluation trop faible entraîne une indemnisation moins élevée, alors qu'une évaluation trop importante renchérit le montant des primes sans donner droit à une indemnisation plus importante. [...]
Les risques à garantir sont l'incendie, l'explosion, le dégât des eaux, le vol, les catastrophes naturelles, les intempéries (tempête, neige, grêle...), les attentats.

François Sabarly, www.lentreprise.com.

DOCUMENT 5 : Votre responsabilité civile

La responsabilité civile est l'obligation de réparer tout dommage matériel, corporel ou immatériel causé à autrui (clients ou tiers) par les personnes ou les biens dont votre entreprise répond.
Vous avez intérêt à vérifier vos garanties au moins dans les deux domaines suivants.
- La responsabilité civile professionnelle générale : vous pouvez un jour être responsable d'un dommage causé à autrui par votre entreprise, par vos salariés, par vos machines ou par un de vos véhicules. Une assurance « responsabilité civile exploitation » ou « professionnelle » couvre ces risques.
- La responsabilité « produits » : il est indispensable d'être bien couvert pour les dommages résultant d'un vice dans les produits que vous fabriquez.

François Sabarly, www.lentreprise.com.

DOCUMENT 6 : L'assurance pertes d'exploitation

Après un sinistre important, vous pouvez être contraint d'arrêter temporairement votre activité, alors que les frais fixes continuent de courir (loyers, salaires, etc.). Dans ce cas, l'assurance dommages n'est pas suffisante puisqu'elle ne fait que rembourser ce qui a été détruit.
Pour compenser la chute du chiffre d'affaires et des bénéfices entraînée par le sinistre et pour retrouver une activité normale, une assurance pertes d'exploitation est nécessaire.
Cette garantie couvre les charges fixes (impôts, loyers, salaires...) et le bénéfice net, ainsi que les frais supplémentaires d'installation provisoire dans un nouveau local, de location de nouveaux matériels ou de frais de transport.

François Sabarly, www.lentreprise.com.

1. Quel sera le rôle de l'assurance de biens dans le sinistre survenu dans l'entreprise de Jules Pompert ? Quel sera le rôle de l'assurance responsabilité civile ?

....

....

....

....

2. Quelle aurait été la conséquence du sinistre si Jules Pompert n'avait pas été assuré ?

....

....

3. Jules Pompert a préféré ne pas souscrire une assurance pertes d'exploitation. Quel aurait été le rôle de cette assurance dans ce sinistre ?

....

....

....

DOCUMENT 7 : Allumer le feu

C'est un prodige de la boucherie qui vient d'être condamné : il est successivement meilleur apprenti d'Ille-et-Vilaine en 2010, meilleur jeune boucher du monde au championnat international de boucherie de Francfort, et encore médiatisé par M6 meilleur espoir de l'année avant de travailler pour Hugo Desnoyer, un célèbre boucher qui fournit les cuisines de l'Élysée.

Grandeur et décadence

Revenu en Bretagne en 2013, il décide de monter une chaîne sous son nom. Il acquiert alors deux affaires, l'une en Ille-et-Vilaine, l'autre à Plouha et embauche du personnel. Peut-être va-t-il un peu vite en besogne, peut-être est-il trop dépensier ? Il n'a encore que 23 ans et le succès lui monte à la tête. Mais bientôt ses affaires vont mal et il décide en septembre 2014 de commanditer l'incendie de sa boucherie de Plouha. Au procès, la procureure est claire : « c'est une escroquerie à l'assurance ».

https://france3-regions.francetvinfo.fr, 8 décembre 2017.

DOCUMENT 8 : Fraude à l'assurance

La fraude à l'assurance, quelle que soit sa forme, tombe sur le coup de l'article 313-1 du Code pénal relatif aux délits d'escroqueries. Par exemple, la déclaration de sinistres fictifs est donc ni plus ni moins considérée par la justice comme un délit, jugé au pénal. L'infraction peut ainsi être punie d'une amende de 375 000 € et d'une peine de cinq ans d'emprisonnement.

4. Quel était l'objectif du jeune boucher en commanditant l'incendie de sa boucherie ?

....

....

5. Sera-t-il remboursé par son assurance ? Que risque-t-il ?

....

....

2. LA SOCIALISATION DU RISQUE

Situation

Jules Pompert n'est pas au bout de ses peines. À peine remis de l'incendie de son établissement, il a été victime d'un accident de la route. Un jeune conducteur grille un stop et heurte sa voiture de plein fouet. Jules sort de son véhicule et demande des explications. Le jeune conducteur, très agressif, le roue de coups et prend la fuite car il n'était pas assuré.

DOCUMENT 9 : À quoi sert le fonds de garantie des assurances ?

Si le fonds de garantie des assurances est peu connu du grand public, ses missions sont nombreuses. Créé en 1951, il devait à l'origine indemniser les victimes d'accidents de la circulation causés par des auteurs non assurés ou inconnus. De nouvelles activités se sont ajoutées au fil des années à sa mission première. [...]

En 1986, une seconde branche est créée : le fonds de garantie des actes de terrorisme et d'autres infractions (FGTI). Il joue en faveur des « victimes d'attentats en France et des ressortissants français victimes d'actes de terrorisme à l'étranger, comme ce fut le cas à Karachi en 2002, à Madrid en 2004 ou encore, plus récemment, à Londres en juillet 2005 », souligne le fonds. Il indemnise également les victimes d'agression, de coups et blessures volontaires ou involontaires, comme les victimes de viols, agressions sexuelles, vol, escroquerie, abus de confiance, etc. En 1991 et 2002, le fonds de garantie a également indemnisé les transfusés et hémophiles contaminés par le VIH et les victimes de l'amiante. Une loi du 1er juillet 2008 a ajouté une autre fonction à ce fonds : « aider les victimes d'infractions qui ne peuvent pas bénéficier d'une indemnisation à obtenir l'exécution, par l'auteur des faits, de la décision de justice leur accordant des dommages et intérêts ». Cette même loi a modifié les conditions d'indemnisation des victimes lors de l'incendie volontaire de leurs voitures. Les particuliers peuvent ainsi être dédommagés jusqu'à 4 000 € sans avoir à prouver, comme auparavant, qu'ils sont « dans une situation matérielle ou psychologique grave ». Pour obtenir cette indemnisation, les victimes doivent adresser un dossier à la commission d'indemnisation des victimes d'infraction (CIVI) de leur tribunal de grande instance.

Guirec Gombert, www.lefigaro.fr.

DOCUMENT 10 : Attentats du Bataclan

Le fonds de garantie des victimes des actes de terrorisme et d'autres infractions (FGTI) a indemnisé, à ce jour, 2 579 victimes des attentats du 13 novembre 2015.

Deux ans après, où en est l'indemnisation des victimes des attentas du Bataclan et du Stade de France du 13 novembre 2015 ? Le fonds de garantie des victimes des actes de terrorisme et d'autres infractions (FGTI), qui prend en charge celles-ci au nom de la solidarité nationale, a indemnisé à ce jour 2 579 victimes, dont 785 proches des victimes décédées, 576 victimes blessées physiquement et 1 218 victimes blessées psychiquement. Celles-ci ont reçu, au titre des provisions versées par le FGTI, 64 M€. [...]

Le FGTI a, par ailleurs, rejeté 331 demandes d'indemnisation car « elles émanaient de personnes qui n'étaient pas présentes sur les lieux des attentats, et ne remplissaient donc pas les conditions permettant de bénéficier d'une indemnisation ». Sept cas de fraudes ont été jugés par les tribunaux répressifs.

Fonds de garantie

À côté du FGTI, existent d'autres fonds de garantie :
- le fonds d'indemnisation des victimes de l'amiante ;
- l'office national d'indemnisation des accidents médicaux ;
- etc.

www.argusdelassurance.com.

DOCUMENT 11 : Escroquerie

Deux fausses victimes des attentats perpétrés à Saint-Denis le 13 novembre 2015, qui ont escroqué le fonds de garantie des victimes des actes de terrorisme et d'autres infractions (FGTI), ont été condamnées jeudi 8 décembre à six ans et trois ans de prison ferme par le tribunal correctionnel de Grasse (Alpes-Maritimes).

Ce sont les plus lourdes peines jamais prononcées dans ce type de dossier. Le tribunal de Grasse a dit vouloir faire « une application particulièrement stricte de la loi » dans un souci « d'exemplarité pénale ». Les deux prévenus, qui sont en couple, ont également été condamnés à verser chacun 30 000 € en réparation au FGTI. Les peines encourues pour escroquerie à l'encontre d'un organisme public sont au maximum de sept ans d'emprisonnement.

8 décembre 2016, www.lemonde.fr.

1. Jules Pompert pourra-t-il être indemnisé pour les préjudices qu'il a subis ?

....

....

....

2. Quelles sont les différentes missions du fonds de garantie des actes de terrorisme et d'autres infractions ?

....

....

....

....

3. Quelle est la justification de l'existence des fonds de garantie ?

....

....

....

4. Que risque une personne qui tente d'escroquer le FGTI ?

....

....

....

ASSURANCE, MUTUALISATION ET SOCIALISATION DU RISQUE

L'ASSURANCE ET LA MUTUALISATION

LE PRINCIPE DE L'ASSURANCE

L'assurance repose sur la mutualisation, c'est-à-dire la mise en commun des risques.

Primes versées par les assurés ➜ Compagnie d'assurance ➜ Indemnisation en cas de sinistre

LES PRINCIPAUX CONTRATS D'ASSURANCE

Contrats d'assurance de biens
=
Protège l'entreprise contre les dommages causés à ses biens : incendie, inondation, vol…

Contrats d'assurance de responsabilité
=
Protège l'entreprise contre les dommages qu'elle peut causer à autrui : clients, tiers…

LA SOCIALISATION DU RISQUE

La mutualisation est insuffisante dans certains cas :
– responsable insolvable ;
– dommages au coût important : terrorisme…

↓

Prise en charge des risques par des fonds de garantie :
– Fonds de garantie des assurances obligatoires de dommages (FGAO) : indemnisation des victimes d'accidents de la circulation causés par des personnes inconnues ou non assurées.
– Fonds de garantie des victimes d'actes de terrorisme et d'autres infractions (FGTI) : indemnisation des victimes d'attentats terroristes ou d'agression.
– Fonds d'indemnisation des transfusés et hémophiles (FITH) : indemnisation des transfusés contaminés par le VIH (virus du sida).

APPLICATION

Objectif BTS

Voir fiches méthodologiques

ANALYSER UNE SITUATION JURIDIQUE

Vous traiterez le dossier ci-dessous à l'aide de vos connaissances et des documents en annexe

Xavier Letourneau est propriétaire d'un restaurant dans la banlieue de Marseille. Il a signé un contrat d'assurance multirisque professionnelle auprès de l'assureur Axo. Ce contrat combine une assurance de biens (incendie, inondation, vol…) et une assurance responsabilité civile.

Lors des fêtes de fin d'année, période pendant laquelle le restaurant est fermé, Xavier Letourneau est victime d'un cambriolage. Un ordinateur ainsi que la quasi totalité des ustensiles de cuisine ont disparu. Les portes du restaurant avaient pourtant été fermées à clé. Un volet du rez-de-chaussée a été fracturé.

Xavier Letourneau contacte son assureur deux jours après la constatation du sinistre. Ce dernier lui oppose une clause d'exclusion figurant dans son contrat d'assurance. Les volets auraient dû, selon l'assureur, comporter un mécanisme de fermeture à clé.

Pensez-vous que Xavier Letourneau puisse être indemnisé par son assureur ?

ANNEXE 1 : Contrat multirisque professionnel Axo (extrait)

– Article 8 : Le vol

L'assuré devra s'assurer que les portes de son établissement soient fermées à clé ainsi que les volets même pendant une absence de courte durée. […]

– Article 12 : Obligation de déclaration de sinistre

Tout sinistre doit nous être déclaré dans un délai de cinq jours ouvrés.

ANNEXE 2 : Les clauses d'exclusion de garantie à l'épreuve de la jurisprudence

Les clauses d'exclusion de garantie sont régulièrement confrontées à la sanction jurisprudentielle.

Dans un arrêt du 27 octobre 2016, la Cour de cassation est venue rappeler que ces clauses devaient être formelles et limitées (3e civ., 27 octobre 2016).

La jurisprudence se fonde en effet sur l'article L. 113-1 du Code des assurances qui dispose que : « Les pertes et les dommages occasionnés par des cas fortuits ou causés par la faute de l'assuré sont à la charge de l'assureur, sauf exclusion formelle et limitée contenue dans la police. » Le but du législateur est que l'assuré sache dans quels cas et sous quelles conditions il est garanti. Les clauses d'exclusion sont ainsi prohibées quand elles se réfèrent à des critères imprécis et à des hypothèses non limitativement énumérées. La jurisprudence cherche à sanctionner les clauses trop vagues qui nécessiteraient une interprétation, ce qui empêcherait l'assuré de connaître l'étendue exacte de sa garantie. L'utilisation des termes « tels que » ou « notamment » est ainsi à éviter si l'assureur souhaite éviter que sa clause soit déclarée illicite.

L'objectif de cette exigence de clauses d'exclusion formelles et limitées est que l'exclusion ne vide pas la garantie de sa substance. Cette notion a été utilisée pour la première fois par la Cour de cassation dans un arrêt du 17 février 1987 au terme duquel elle a estimé que les clauses d'exclusion n'étaient ni formelles ni limitées et qu'elles annulaient quasiment toutes les garanties prévues (1re civ., 17 février 1987). Il s'agit aujourd'hui d'une jurisprudence constante.

La sanction est la nullité de la clause, ou plus exactement la nullité des dispositions illicites de la clause, les autres dispositions demeurant valables et opposables à l'assuré. […]

Les clauses d'exclusion de garantie doivent donc être expresses, claires et précises et ne pas être sujettes à interprétation si l'assureur ne souhaite pas s'exposer à la nullité de la clause et voir ainsi retenue sa garantie. Il importe également de préciser que lesdites clauses doivent être rédigées en caractères très apparents ainsi que l'exige l'article L. 112-4 du Code des assurances.

Marine Venin, https://fr.linkedin.com.

L'ÉPREUVE DE DROIT AU BTS

1. LES MODALITÉS DE L'ÉPREUVE

L'épreuve E3 (économie, droit, management des entreprises) est scindée en deux sous-épreuves : la sous-épreuve E3-1 d'économie et droit et la sous-épreuve E3-2 de management des entreprises.

L'épreuve écrite d'économie-droit (coefficient 2) est composée d'un sujet en deux parties distinctes : partie économique et partie juridique. Elle est d'une durée de quatre heures. L'ensemble du sujet (partie économique et partie juridique) est distribué en même temps aux étudiants et ceux-ci doivent organiser eux-mêmes leur temps pour composer. Il semble toutefois nécessaire de **consacrer deux heures à la partie juridique**.

Le programme de l'épreuve porte sur les cinq thèmes abordés en droit pendant les deux années de préparation du BTS.

2. LES OBJECTIFS DE L'ÉPREUVE

La partie juridique vise à évaluer les capacités de l'étudiant à :
- **analyser des documents juridiques** et à **qualifier une situation juridique** contextualisée ;
- **identifier les éléments de droit positif** qui s'appliquent à cette situation et les mobiliser dans le cadre d'un raisonnement ou d'une argumentation juridique ;
- expliciter **le sens et la portée des règles de droit** et de quelques éléments significatifs de jurisprudence ;
- produire un écrit de qualité, utilisant le vocabulaire juridique approprié et témoignant d'une **réflexion** et d'une **argumentation construite**.

3. LA PRÉSENTATION DE L'ÉPREUVE

- Le sujet de l'épreuve de droit au BTS débute par une **mise en situation générale** dans le contexte d'une entreprise qui est le cadre des activités à réaliser par l'étudiant.

EXEMPLE[1]

L'entreprise Surlepont a mis en place une activité innovante en matière de réparation de véhicule. D'une part, elle commercialise dans ses locaux et *via* son site internet des pièces détachées automobiles. D'autre part, elle permet à sa clientèle d'effectuer elle-même les travaux de réparation en mettant à disposition un espace spécialisé équipé de pont élévateur, fosse, outillage adapté, matériel électronique... Cette SARL de trois associés, dirigée par Mme Verin, est en pleine expansion et compte déjà six centres en région parisienne. Quinze salariés sont chargés de la gestion des différents centres et de l'assistance aux clients.

Tous les centres de l'entreprise Surlepont sont récents et nécessitent une technicité spécifique afin de faire fonctionner sans risque les divers matériels et outillages. Les salariés de l'entreprise sont inquiets face aux nombreuses compétences techniques que chacune des fonctions exige.

Face au succès grandissant de l'entreprise, Mme Verin souhaite disposer d'un personnel réactif et exige de ses salariés une productivité accrue.

---

1. Cet exemple et les deux suivants sont extraits de la partie juridique de l'épreuve d'économie-droit session 2017 (Métropole).

Cette présentation de l'entreprise ne fournit, en général, qu'assez peu d'informations à exploiter pour répondre aux questions qui vous seront posées. Elle correspond à une description générale du contexte des travaux demandés dans les dossiers. Toutefois, certaines informations peuvent parfois être à mettre en liaison avec ces travaux.

- **Des dossiers**, en général trois, vous sont ensuite soumis qui vous exposent une situation juridique et où il vous est demandé de répondre à une question précise. Deux types d'exercices peuvent vous être proposés :
  - **L'analyse d'une situation juridique** qui consiste en la résolution d'un cas pratique (voir fiche méthodologique 2).

EXEMPLE

DOSSIER 1 : ANALYSE D'UNE SITUATION JURIDIQUE
Assumer le risque

Tous les centres de Mme Verin fonctionnent selon le même principe. Les clients peuvent intervenir seuls sur leur propre véhicule comme s'ils l'avaient déposé chez un garagiste professionnel. Toutefois, seuls les salariés peuvent manipuler le gros matériel tel que les ponts de levage. En effet, une connaissance parfaite du matériel et des compétences spécifiques sont nécessaires afin d'éviter toute erreur susceptible de provoquer une mise en danger des personnes et des biens.

Dernièrement, un technicien-mécanicien, M. Tournevis, n'a pas respecté la procédure de manipulation d'un pont de levage et a endommagé de manière importante l'automobile d'un client.

Le client demande la réparation de son dommage à la SARL Surlepont. Mme Verin refuse de prendre en charge le dommage causé par le salarié.

1. Appréciez la décision de Mme Verin de refuser la réparation du dommage au regard du droit de la responsabilité.

- **La rédaction d'une note structurée** (voir fiche méthodologique 3).

EXEMPLE

DOSSIER 2 : RÉDACTION D'UNE NOTE
L'adaptation aux évolutions de l'activité professionnelle

Dans les différents centres de réparation, les salariés manient du matériel technique et dangereux. Or, de plus en plus d'incidents sont constatés par manque de compétences techniques du personnel.

Mme Verin veut remédier à ces dysfonctionnements en formant ses salariés. Par ailleurs, certains d'entre eux ont manifesté l'intérêt de faire évoluer leur carrière.

2. Dans une note structurée et argumentée, exposez, d'une part, les enjeux et les contraintes pour tout employeur en matière de formation et, d'autre part, les différents dispositifs de la formation professionnelle.

La formulation de l'en-tête de chaque dossier vous permet, sans aucune ambiguïté, de connaître rapidement le type d'exercice demandé : analyse d'une situation juridique ou rédaction d'une note.

- **Des annexes** vous fournissent, enfin, des informations pour répondre à la question posée dans chaque dossier. Ces annexes constituent une source documentaire de nature variée : articles de loi, extraits ou intégralité d'un contrat, jugements ou arrêts (extraits ou décision complète), documentation d'entreprise, textes de juristes…

4. LES CONSEILS POUR PRÉPARER ET RÉUSSIR L'ÉPREUVE

• Avant l'épreuve

Analyser une situation juridique ou rédiger une note structurée nécessite des connaissances et la maîtrise d'une démarche spécifique :

– la maîtrise des notions juridiques étudiées en première et en deuxième années de BTS est indispensable : les annexes ne vous fournissent qu'une partie des éléments à connaître ;

– la démarche d'analyse d'une situation juridique (cas pratique) ou de rédaction d'une note structurée suppose le respect d'une méthodologie à appliquer pour répondre au questionnement. Les applications en fin de chapitres de cet ouvrage vous permettent un entraînement tout au long de votre formation. Les fiches méthodologiques 2 et 3 à la fin de cet ouvrage détaillent la méthode à utiliser pour ces deux types d'exercices.

• Pendant l'épreuve

Il est conseillé de respecter les étapes suivantes :

1. Lire le sujet dans son ensemble (mise en situation générale, dossiers et questionnements, annexes) en surlignant les termes importants.
2. Analyser les questions posées : analyse d'une situation juridique (cas pratique) ou note structurée. Le libellé des questions permet de distinguer facilement ces deux types d'exercices.
3. Rechercher quel(les) annexe(s) correspond(ent) à chaque question posée à la fin des dossiers à étudier. En général, une annexe ne donne d'informations que pour traiter un dossier.
4. Rédiger un brouillon succinct en reprenant la méthode de l'analyse d'une situation juridique (cas pratique) ou de rédaction de la note.
5. Soigner la présentation de votre copie : elle doit être facile à lire pour le correcteur, c'est-à-dire être claire, aérée… Démarrer votre réponse pour chaque dossier en haut d'une nouvelle page. Aller à la ligne et rédiger un nouveau paragraphe pour chaque point de l'argumentation développée.
6. Gérer le temps : 30 minutes pour la lecture du sujet et des annexes et noter au brouillon les points essentiels de vos réponses ; 1 heure 25 pour rédiger, à partir des éléments du brouillon, la réponse à chaque question et 5 minutes pour relire votre copie et corriger quelques fautes d'orthographe…

DEUX ERREURS À NE PAS COMMETTRE

– Réciter votre cours sans adapter votre réponse à la situation juridique qui vous est proposée et sans exploiter les documents en annexe.

– Paraphraser les annexes sans répondre à la problématique posée.

SUJET D'ENTRAÎNEMENT À LA PARTIE JURIDIQUE DE L'ÉPREUVE DU BTS

Durée : 2 heures

SARL Traodia

La SARL Traodia a été créée, il y a quatre ans, par Marcus Traoré et Brahim Diallo pour commercialiser sur Internet des articles de décoration et d'art de la table haut de gamme. Marcus Traoré et Brahim Diallo ont été nommés co-gérants de cette SARL.
Marcus Traoré a utilisé ses compétences acquises en BTS informatique de gestion pour créer le site internet www.traodia.fr. Brahim Diallo s'est occupé des approvisionnements, de la réception des commandes et des expéditions.
Le succès de la SARL Traodia a conduit les co-gérants à engager au cours des deux dernières années trois salariés chargés de la réception des commandes et des expéditions. Brahim Diallo limite désormais son activité à la recherche des fournisseurs et aux approvisionnements. Une secrétaire comptable, Léna Chollet, titulaire d'un BTS assistante de gestion PME-PMI vient d'être recrutée, ce qui permet à Marius Traoré de consacrer plus de temps à la gestion et à l'amélioration du site internet de l'entreprise.

Vous traiterez ces trois dossiers à l'aide de vos connaissances et des documents en annexe

Dossier 1 : ANALYSE D'UNE SITUATION JURIDIQUE
La protection juridique d'un site internet

Marcus Traoré vient de découvrir l'existence d'un site internet concurrent du sien : www.trare.fr. Non seulement le nom du site est très voisin, mais son activité est identique à la leur (commercialisation d'articles de décoration et d'art de la table haut de gamme). De plus, la page d'accueil du site concurrent reprend un logo très proche du leur, la mise en page est identique (zonage, couleurs...).

1. Indiquez aux co-gérants de la SARL Traodia de quelle manière ils vont pouvoir protéger leurs droits et sur quels arguments ils pourront s'appuyer.

Dossier 2 : ANALYSE D'UNE SITUATION JURIDIQUE
Le licenciement d'une salariée

Au cours des trois mois de période d'essai prévus par son contrat de travail, Léna Chollet a donné toute satisfaction à ses employeurs : qualité du travail, ponctualité...
Depuis plusieurs semaines, Léna Chollet s'absente de plus en plus souvent sans motif une ou deux fois par semaine. Les co-gérants, Marcus Traoré et Brahim Diallo, ont multiplié observations et avertissements à ce sujet, sans aucun résultat. Ils ont donc décidé de licencier Léna Chollet pour faute lourde et envisagent d'intenter une action en justice devant le conseil des prud'hommes pour qu'elle soit condamnée à leur verser des dommages-intérêts compensant le préjudice qu'elle a causé à l'entreprise.
Lors de l'entretien préalable à son licenciement, Léna Chollet leur a fait part de son intention d'intenter également une action en justice devant le conseil des prud'hommes pour obtenir la requalification de son licenciement pour faute lourde en licenciement pour faute grave, voire en simple licenciement pour motif réel et sérieux.
Marcus Traoré et Brahim Diallo se demandent si Léna Chollet peut obtenir la requalification de son licenciement pour faute lourde et quelles seraient les conséquences de cette requalification.

2. Répondez aux questions que se posent Marcus Traoré et Brahim Diallo.

DOSSIER 3 : RÉDACTION D'UNE NOTE
La responsabilité du fait des produits défectueux

La SARL Traodia commercialise sur son site internet des lampes de salon fabriquées en France par la société Éclairlux. Marcus Traoré et Brahim Diallo ont lu dans la presse spécialisée que des lampes de salon importées de Chine avaient été à l'origine de courts-circuits et d'incendies au domicile des acheteurs. Deux acheteurs ont même été victimes de brûlures assez graves.
Bien qu'ils ne doutent pas de la qualité des produits fabriqués par la société Éclairlux, ils se demandent tout de même si un problème de ce type était provoqué par les lampes de salon qu'ils vendent, qui en serait responsable : le fabricant des lampes ou la SARL Traodia, fournisseur direct des consommateurs.

3. Dans une note structurée et argumentée, présentez la responsabilité du fait des produits défectueux en exposant :
- son champ d'application et les conditions de sa mise en œuvre ;
- les causes d'exonération de la responsabilité du producteur.

Annexe 1 : Code de la propriété intellectuelle (extraits)

Article L. 112-1 – Les dispositions du présent code protègent les droits des auteurs sur toutes les œuvres de l'esprit, quels qu'en soient le genre, la forme d'expression, le mérite ou la destination.

Article L. 335-2 – Toute édition d'écrits, de composition musicale, de dessin, de peinture ou de toute autre production, imprimée ou gravée en entier ou en partie, au mépris des lois et règlements relatifs à la propriété des auteurs, est une contrefaçon et toute contrefaçon est un délit.
La contrefaçon en France d'ouvrages publiés en France ou à l'étranger est punie de trois ans d'emprisonnement et de 300 000 € d'amende. [...]

Article L. 335-3 – Est également un délit de contrefaçon toute reproduction, représentation ou diffusion, par quelque moyen que ce soit, d'une œuvre de l'esprit en violation des droits de l'auteur, tels qu'ils sont définis et réglementés par la loi. [...]

Annexe 2 : Les actions à mener en cas de contrefaçon d'un site internet

La contrefaçon est la reproduction totale ou partielle d'un élément protégé. Pour se protéger contre celle-ci, la première étape est de faire constater la contrefaçon, en faisant appel à un huissier de justice ou à un agent assermenté de l'Agence pour la protection des programmes (APP) (www.app.legalis.net).
Une fois le constat obtenu, il convient de saisir le juge pour faire cesser la contrefaçon et obtenir des dommages-intérêts.

www.murielle-cahen.com.

Annexe 3 : Concurrence déloyale et parasitisme de site internet

Il est devenu fréquent qu'une société qui exploite un site internet reproche à un de ses concurrents ou à un tiers d'avoir repris son site ou des éléments de celui-ci.
Or, les sites internet sont juridiquement protégés.
Deux fondements juridiques seraient alors envisageables pour sanctionner l'auteur de tels actes :
– d'une part, le droit d'auteur, le droit des marques, la contrefaçon et le Code de la propriété intellectuelle ;
– d'autre part, la concurrence déloyale et le parasitisme sur le fondement de la responsabilité de droit commun, selon lequel tout fait qui cause un préjudice doit être réparé.
Selon la jurisprudence, les fonctionnalités d'un site internet ne sont pas en tant que telles protégeables par le droit d'auteur et le Code la propriété intellectuelle (Cass. civ. 1re, 13 déc. 2005 ; CJUE, 2 mai 2012).
En général, seuls les fondements juridiques de la concurrence déloyale et du parasitisme peuvent utilement être invoqués dans ce type de situation.
Concrètement, le parasitisme consiste pour un agent économique à s'immiscer dans le sillage d'un autre afin de tirer profit, sans rien dépenser, de la notoriété acquise ou des investissements, tel un parasite.

www.legavox.fr, 15 mars 2016.

Annexe 4 : Cour de cassation, chambre sociale, 22 octobre 2015

Vu l'article L. 3141-26 du Code du travail ;
Attendu que pour dire le licenciement justifié par une faute lourde et rejeter les demandes du salarié au titre de la rupture de son contrat de travail, l'arrêt retient que celui-ci a détourné sur son compte personnel une somme de 60 000 € venant en règlement partiel, par un client, d'une facture correspondant à la livraison d'une commande de vins, qu'il a reconnu avoir sollicité cette somme auprès du client et l'avoir perçue et ne démontre pas qu'il s'agissait d'un prêt personnel ni en avoir informé l'employeur, qu'il n'apporte aucune preuve contraire de ce qui constitue un abus de confiance au préjudice de son employeur et une tentative d'enrichissement personnel au détriment de la société, qu'il a manifestement commis une faute lourde avec intention de nuire à son employeur ;
Attendu, cependant, que la faute lourde est caractérisée par l'intention de nuire à l'employeur, laquelle implique la volonté du salarié de lui porter préjudice dans la commission du fait fautif et ne résulte pas de la seule commission d'un acte préjudiciable à l'entreprise ;

Qu'en se déterminant comme elle l'a fait, sans caractériser la volonté de nuire du salarié, la cour d'appel n'a pas donné de base légale à sa décision ;
PAR CES MOTIFS :
CASSE ET ANNULE, [...] l'arrêt rendu le 26 novembre 2013, entre les parties, par la cour d'appel de Bordeaux ; [...] pour être fait droit, les renvoie devant la cour d'appel de Toulouse.

Annexe 5 : Faute lourde et faute grave : les conséquences pour le salarié

Depuis la décision du 2 mars 2016 du Conseil constitutionnel, tout employeur qui procède à un licenciement pour faute lourde est tenu de verser l'indemnité de congés payés au salarié.
Une question se pose donc : quelle différence reste-t-il à présent entre le licenciement pour faute grave et celui pour faute lourde ?
En effet, ces deux types de licenciement étaient distincts de par leurs conséquences sur le salarié. Ainsi, le salarié ayant eu l'intention de nuire à son entreprise, était plus sévèrement « puni » que celui licencié pour faute grave.
Une différence subsiste : si la faute commise a causé un préjudice à l'employeur, ce dernier peut réclamer au salarié des dommages-intérêts pour réparer le tort qu'il a causé.

D'après www.juritravail.com, 19 décembre 2016.

Annexe 6 : Code civil (extraits)

Article 1245 – Le producteur est responsable du dommage causé par un défaut de son produit, qu'il soit ou non lié par un contrat avec la victime.

Article 1245-1 – Les dispositions du présent chapitre s'appliquent à la réparation du dommage qui résulte d'une atteinte à la personne.
Elles s'appliquent également à la réparation du dommage supérieur à un montant déterminé par décret[1], qui résulte d'une atteinte à un bien autre que le produit défectueux lui-même.

Article 1245-2 – Est un produit tout bien meuble, même s'il est incorporé dans un immeuble, y compris les produits du sol, de l'élevage, de la chasse et de la pêche. L'électricité est considérée comme un produit.

Article 1245-3 – Un produit est défectueux au sens du présent chapitre lorsqu'il n'offre pas la sécurité à laquelle on peut légitimement s'attendre. [...]

Article 1245-4 – Un produit est mis en circulation lorsque le producteur s'en est dessaisi volontairement. [...]

Article 1245-5 – Est producteur, lorsqu'il agit à titre professionnel, le fabricant d'un produit fini, le producteur d'une matière première, le fabricant d'une partie composante.
Et assimilée à un producteur pour l'application du présent chapitre toute personne agissant à titre professionnel :
1. Qui se présente comme producteur en apposant sur le produit son nom, sa marque ou un autre signe distinctif.
2. Qui importe un produit dans la Communauté européenne en vue d'une vente, d'une location, avec ou sans promesse de vente, ou de toute autre forme de distribution.

Article 1245-8 – Le demandeur doit prouver le dommage, le défaut et le lien de causalité entre le défaut et le dommage.

Article 1245-10 – Le producteur est responsable de plein droit à moins qu'il ne prouve :
1. Qu'il n'avait pas mis le produit en circulation.
2. Que, compte tenu des circonstances, il y a lieu d'estimer que le défaut ayant causé le dommage n'existait pas au moment où le produit a été mis en circulation par lui ou que ce défaut est né postérieurement.
3. Que le produit n'a pas été destiné à la vente ou à toute autre forme de distribution.
4. Que l'état des connaissances scientifiques et techniques, au moment où il a mis le produit en circulation, n'a pas permis de déceler l'existence du défaut.

Article 1245-12 – La responsabilité du producteur peut être réduite ou supprimée, compte tenu de toutes les circonstances, lorsque le dommage est causé conjointement par un défaut du produit et par la faute de la victime ou d'une personne dont la victime est responsable.

1. 500 € actuellement.

FICHE MÉTHODOLOGIQUE 1

LA QUALIFICATION JURIDIQUE ET LE SYLLOGISME JURIDIQUE

1. LA QUALIFICATION JURIDIQUE DES FAITS

La qualification juridique « consiste à donner aux faits la traduction juridique qui leur convient et qui doit permettre l'application de la règle de droit : l'automobiliste qui entreprend un dépassement interdit (donnée de fait) commet une faute (qualification juridique de son comportement) ; le voleur d'un véhicule (donnée de fait) devient le gardien de celui-ci (qualification juridique de sa situation)[1] ».

À l'occasion d'une analyse de jugement ou d'arrêt, de l'étude d'un cas pratique ou d'une situation juridique, vous devez procéder à la qualification juridique de la situation, des faits exposés. C'est un exercice important pour votre formation juridique.

L'exercice de qualification juridique vise à la formulation d'un raisonnement juridique précis utilisant les concepts de droit les plus rigoureux. Qualifier juridiquement consiste à traduire en termes juridiques une situation (des faits) régie par le droit, dans le but de déterminer la règle de droit applicable et d'en tirer les conséquences.

Vous trouverez ci-après un bref exercice de qualification juridique.

EXERCICE DE QUALIFICATION JURIDIQUE DES FAITS

Situation (faits)	Qualification juridique des faits
Son employeur a pu constater qu'Émeline passait beaucoup de temps sur son ordinateur professionnel, pendant ses heures de travail, à consulter ses courriels personnels, à échanger sur des réseaux sociaux avec des amis, à regarder des vidéos sur YouTube, à surfer sur des sites n'ayant aucun rapport avec son travail… Le règlement intérieur de l'entreprise précise pourtant que l'utilisation des postes informatiques dans l'entreprise doit être exclusivement consacrée à des tâches professionnelles correspondant au travail à effectuer. Son employeur a donc décidé de mettre fin au contrat de travail à durée indéterminée d'Émeline.	Son employeur a décidé de licencier Émeline pour usage abusif de son ordinateur professionnel malgré l'interdiction formulée dans le règlement intérieur.

Vous devez ainsi être toujours capable de **traduire en termes ou expressions juridiques exacts les faits étudiés**. Tout au long de cet ouvrage, lorsque vous répondez aux questions posées, vous devez procéder à la qualification juridique des faits en utilisant les mots et expressions juridiques les plus précis et les mieux adaptés. C'est le même travail qui vous sera demandé à l'épreuve de droit du BTS.

1. Jean-Luc Aubert, *Introduction au droit*, Armand Colin.

2. LE SYLLOGISME JURIDIQUE

L'application d'une règle de droit à une situation donnée s'appuie sur un raisonnement syllogistique, raisonnement qui suppose un exercice de qualification juridique. Pour qualifier juridiquement les faits, les juristes, quand ils doivent résoudre des cas pratiques, les juges, quand ils ont à rendre un jugement ou un arrêt, ont recours au syllogisme juridique.

A. Qu'est-ce qu'un syllogisme ?

« Raisonnement qui contient trois propositions (la majeure, la mineure et la conclusion) et tel que la conclusion est déduite de la majeure par l'intermédiaire de la mineure » *(Petit Larousse)*.

En vous appuyant sur la définition ci-dessus, complétez l'exemple suivant de syllogisme, puis indiquez à droite de chaque flèche quelles propositions constituent respectivement la majeure, la mineure et la conclusion :

– Tous les hommes sont mortels. ➜ ....

– Or les Grecs sont des hommes. ➜ ....

– Donc .... ➜ ....

Attention à éviter les faux syllogismes. Par exemple :

– Tous les habitants de Suède sont blonds.
– Or Éric habite la Suède.
– Donc Éric est blond.

Ce syllogisme est faux dans la mesure où il repose sur une proposition majeure totalement fausse.

B. Qu'est-ce qu'un syllogisme juridique ?

Complétez l'exemple suivant de syllogisme juridique, puis indiquez à droite de chaque flèche quelles propositions constituent respectivement la majeure, la mineure et la conclusion.

– Les sociétés sont dotées de la personnalité juridique à compter du jour de leur immatriculation au registre du commerce et des sociétés. ➜ ....

– Or, la SARL Joliboy a été immatriculée au registre du commerce et des sociétés le 12 décembre 2017.

➜ ....

– Donc .... ➜ ....

Les juristes, pour résoudre les cas pratiques, les juges, pour rendre un jugement ou un arrêt, ont recours au syllogisme juridique.

FICHE MÉTHODOLOGIQUE 2

ANALYSER UNE SITUATION JURIDIQUE

Analyser une situation juridique consiste à résoudre un cas pratique en plusieurs étapes que nous étudierons à partir de l'exemple ci-dessous.

EXEMPLE Nicolas Guéret a été recruté le 15 janvier comme directeur commercial par la société France Logistique Déménagement (FLD). Durant sa période d'essai de quatre mois, Nicolas Guéret a entretenu des relations des plus cordiales avec ses subordonnés et fait preuve d'efficacité dans son travail. Peu après la fin de cette période d'essai, son comportement managérial a totalement changé.
Ludovic Chevalier, salarié dans l'entreprise comme conseiller en déménagement depuis 31 ans, à bout de résistance morale et physique, a fini par démissionner. Il a informé le directeur général de l'entreprise, Léo Fresche qu'il était victime de harcèlement moral et intentait une action devant le conseil des prud'hommes à fin d'indemnisation du préjudice subi.
Ludovic Chevalier a obtenu deux attestations émanant de deux collègues, Pauline Pasquier et Marie Jouan, selon lesquelles « M. Nicolas Guéret faisait régner un climat de peur, par un harcèlement incessant auprès du personnel : remarques déplacées sur la tenue, sur l'âge, sur le fait de discuter entre collègues ou de simplement ne pas être à son poste de travail… » ; « M. Nicolas Guéret, directeur commercial, se permettait de supprimer les RTT définis au départ et de les transformer en demi-heure de travail en moins une fois le matin et une fois le soir, tout cela par un simple mail… ».
Léo Fresche, directeur général, a refusé d'intervenir dans ce conflit opposant Nicolas Guéret et ses salariés.

À l'aide de vos connaissances et des documents en annexe, vous indiquerez à Ludovic Chevalier si son action devant le conseil des prud'hommes a des chances d'aboutir à des sanctions pour la société France Logistique Déménagement et pour Nicolas Guéret, directeur commercial de cette société.

Annexe 1 : Code du travail (extraits)

Article L. 1152-1 : Aucun salarié ne doit subir les agissements répétés de harcèlement moral qui ont pour objet ou pour effet une dégradation de ses conditions de travail susceptible de porter atteinte à ses droits et à sa dignité, d'altérer sa santé physique ou mentale ou de compromettre son avenir professionnel.

Article L. 1152-2 : Aucun salarié, aucune personne en formation ou en stage ne peut être sanctionné, licencié ou faire l'objet d'une mesure discriminatoire, directe ou indirecte, notamment en matière de rémunération, de formation, de reclassement, d'affectation, de qualification, de classification, de promotion professionnelle, de mutation ou de renouvellement de contrat pour avoir subi ou refusé de subir des agissements répétés de harcèlement moral ou pour avoir témoigné de tels agissements ou les avoir relatés.

Article L. 1152-3 : Toute rupture du contrat de travail intervenue en méconnaissance des dispositions des articles L. 1152-1 et L.1152-2, toute disposition ou tout acte contraire est nul.

Article L. 1152-4 : L'employeur prend toutes dispositions nécessaires en vue de prévenir les agissements de harcèlement moral.
Les personnes mentionnées à l'article L. 1152-2 sont informées par tout moyen du texte de l'article 222-33-2 du Code pénal.

Annexe 2 : Code pénal (extraits)

Le fait de harceler autrui par des propos ou comportements répétés ayant pour objet ou pour effet une dégradation des conditions de travail susceptible de porter atteinte à ses droits et à sa dignité, d'altérer sa santé physique ou mentale ou de compromettre son avenir professionnel, est puni de deux ans d'emprisonnement et 30 000 € d'amende[1].

1. Au maximum.

Annexe 3 : Cour de cassation, chambre sociale, 12 juin 2014 (extraits)

Il convient de relever que l'employeur a manqué à son obligation de sécurité de résultat en ne prenant pas les mesures nécessaires pour empêcher et/ou interrompre cette situation de harcèlement moral émanant d'un de ses cadres ; que la démission de Monsieur X. étant le résultat d'un harcèlement moral non combattu par l'employeur, elle s'analyse en une prise d'acte de la rupture du contrat de travail produisant les effets d'un licenciement nul conformément aux dispositions de l'article L. 1152-3 du Code du travail. »

1. IDENTIFIER ET QUALIFIER JURIDIQUEMENT LES FAITS

Vous devez traduire les données du cas en termes juridiques précis. Cette qualification des faits doit permettre l'application de la règle de droit. Vous devez garder l'essentiel des faits en éliminant les détails inutiles.

EXEMPLE Victime de faits de harcèlement moral de la part de son supérieur hiérarchique direct, Ludovic Chevalier a fini par démissionner.

2. FORMULER LE PROBLÈME DE DROIT

Le sujet vous fournit le plus souvent des éléments pour cela. Le problème de droit doit être formulé, de manière générale, au-delà du cas spécifique.

EXEMPLE Un salarié victime d'agissements répétés de harcèlement moral peut-il démissionner et obtenir réparation du préjudice subi ?

3. DÉTERMINER LES RÈGLES DE DROIT APPLICABLES

Ces règles vous sont parfois données en annexe, comme dans le cas que nous étudions ici à titre d'exemple. Dans d'autres cas, il vous faut faire appel, en partie ou en totalité, à votre **connaissance du cours de droit**. Il vous faut formuler la règle de droit la mieux adaptée pour répondre au problème juridique posé.

EXEMPLE Selon l'article L. 1152-1 du Code de travail « aucun salarié ne doit subir les agissements répétés de harcèlement moral qui ont pour objet ou pour effet une dégradation de ses conditions de travail susceptible de porter atteinte à ses droits et à sa dignité, d'altérer sa santé physique ou mentale ou de compromettre son avenir professionnel ». Toute rupture du contrat de travail intervenue en méconnaissance de cet article est nul.

4. PROPOSER DES SOLUTIONS ARGUMENTÉES

Il faut maintenant appliquer les règles de droit aux faits juridiques qualifiés pour apporter une solution au problème de droit, ce qui exige une argumentation juridique rigoureuse. La solution proposée doit être précise et juridiquement fondée.

EXEMPLE L'employeur de Ludovic Chevalier « a manqué à son obligation de sécurité de résultat en ne prenant pas les mesures nécessaires pour empêcher et/ou interrompre cette situation de harcèlement moral émanant d'un de ses cadres ». La démission de Ludovic Chevalier est le résultat d'un harcèlement moral non combattu par l'employeur. « Elle s'analyse en une prise d'acte de la rupture du contrat de travail produisant les effets d'un licenciement nul. » Ludovic Chevalier pourra donc être indemnisé pour licenciement abusif, sans motif réel et sérieux. Il pourra également être indemnisé pour l'ensemble des préjudices subis du fait des agissements répétés de harcèlement moral dont il a été victime. La responsabilité de son employeur, la société France Logistique Déménagement, est totalement engagée. Ludovic Chevalier pourra également porter plainte au pénal. Son supérieur hiérarchique direct, Nicolas Guéret, auteur des faits de harcèlement moral, pourra alors être condamné par le tribunal correctionnel à deux ans d'emprisonnement et/ou 30 000 € d'amende au maximum.

L'analyse d'une situation juridique (étude d'un cas pratique) est une occasion particulièrement adaptée pour mettre en œuvre **la qualification juridique des faits** et son corollaire : **le raisonnement syllogistique** (voir fiche méthodologique 1).

FICHE MÉTHODOLOGIQUE 3

RÉDIGER UNE NOTE STRUCTURÉE

La partie juridique de l'épreuve d'économie-droit au BTS comporte la rédaction d'une note structurée. Cet exercice permet d'apprécier votre aptitude à apporter un éclairage juridique par rapport à une situation litigieuse ou à répondre aux interrogations d'une personne.

La note structurée permettra de vous évaluer sur la qualité de votre raisonnement et de votre argumentation juridique et sur l'utilisation du vocabulaire juridique approprié. Vous devez suivre les consignes données dans le sujet et exploiter efficacement les annexes qui vous fournissent des éléments pour construire votre note structurée. Vous devez également à cette occasion, utiliser les connaissances acquises en cours de droit. Il est rare que les annexes comportent toutes les notions nécessaires pour rédiger la note structurée.

1. LA MISE EN SITUATION, LE QUESTIONNEMENT ET LES ANNEXES

Pour bien traiter le sujet posé, vous devez lire attentivement la mise en situation et le questionnement posé.

EXEMPLE

Vous traiterez le dossier ci-après à l'aide de vos connaissances et des documents en annexe

Lucile Chartier est directrice des ressources humaines de la société Martin travaux publics. Son assistante de direction l'informe de la demande de restitution et d'effacement total sur le système informatique de l'entreprise du dossier de candidature (lettre de motivation, curriculum vitae, attestations de diplômes…) d'un candidat qui postulait à un emploi dans l'entreprise, mais dont la candidature n'a pas été retenue. Cette demande est conforme aux droits des candidats à l'embauche.
Lucile Chartier souhaite, pour mieux maîtriser ce sujet, que soit rédigée une note sur l'utilisation des TIC dans les procédures de recrutement.

Rédigez une note structurée et argumentée sur l'utilisation des TIC dans les procédures de recrutement en présentant :
– les informations collectées lors du recrutement ;
– l'utilisation et la protection des données collectées.

Annexe 1 : Code du travail (extraits)

Article L. 1221-6 : Les informations demandées, sous quelque forme que ce soit, au candidat à un emploi ne peuvent avoir comme finalité que d'apprécier sa capacité à occuper l'emploi proposé ou ses aptitudes professionnelles. Ces informations doivent présenter un lien direct et nécessaire avec l'emploi proposé ou avec l'évaluation des aptitudes professionnelles. Le candidat est tenu de répondre de bonne foi à ces demandes d'informations.

Article L. 1221-8 : Le candidat à un emploi est expressément informé, préalablement à leur mise en œuvre, des méthodes et techniques d'aide au recrutement utilisées à son égard. Les résultats obtenus sont confidentiels. Les méthodes et techniques d'aide au recrutement ou d'évaluation des candidats à un emploi doivent être pertinentes au regard de la finalité poursuivie.

Annexe 2 : Recrutement et gestion du personnel : les TIC et les données personnelles

La Commission nationale de l'informatique et des libertés (CNIL) veille à la protection des données à caractère personnel : celui qui enregistre de telles données doit informer les personnes auprès de qui elles sont recueillies, de leurs droits et de leurs obligations.

Avec le développement des nouvelles technologies, dans le cadre du recrutement ou de la gestion des carrières, les employeurs utilisent de plus en plus des moyens informatiques, qui enregistrent nombre de données personnelles. Ces enregistrements peuvent porter atteinte aux droits et à la vie privée des intéressés.

1. Collecte des données et durée de conservation

Lors du recrutement, peuvent être collectées uniquement les données qui permettent à l'employeur d'apprécier les capacités du candidat à occuper le poste à pourvoir. Il s'agit notamment des données relatives à sa formation, sa qualification et son expérience professionnelle.

En aucun cas le recruteur ne pourra demander au candidat des informations relatives à sa famille, son opinion politique, son appartenance syndicale…

Lorsque le candidat est embauché par l'entreprise, celle-ci peut collecter des données complémentaires concernant la gestion administrative du personnel (comme l'obtention du permis de conduire), l'organisation du travail ou encore l'action sociale. […]

2. Information et formalités préalables

Auprès de la CNIL

Le système de traitement automatisé des données doit être déclaré à la CNIL avant sa mise en œuvre, sauf si l'entreprise a désigné un correspondant informatique et liberté (CIL). À défaut, il ne pourra pas être opposé aux salariés.

Auprès des représentants du personnel et des salariés ou candidats

Préalablement au traitement informatique des données, l'entreprise doit informer les représentants du personnel (comité social et économique).

L'entreprise doit également informer les personnes dont les données vont être recueillies :
- de l'identité du responsable du fichier ;
- de l'objectif poursuivi par le traitement ;
- du caractère obligatoire ou facultatif des informations demandées ;
- des destinataires des informations ;
- des conditions d'exercice de leurs droits d'accès, de rectification et d'accès.

Aucune information concernant un candidat ou un salarié ne peut être collectée dans un dispositif qui n'a pas été préalablement porté à sa connaissance (articles L. 1222-3 et L. 1222-4 du Code de travail).

3. Protection des données

Les données qui sont collectées par l'entreprise doivent être protégées. S'agissant de données relatives à la vie privée (situation familiale, nationalité, adresse, numéro de téléphone, etc.), leur accès doit être limité.

Seules les personnes qui en ont la nécessité, en raison de leurs fonctions (service ressources humaines, employeur, par exemple), doivent pouvoir accéder au système informatique contenant ces informations : c'est le cas des personnes qui interviennent dans le processus de recrutement, dans la gestion du personnel… L'accès aux données peut, par exemple, être protégé par un mot de passe et un identifiant, ce qui permet d'authentifier l'utilisateur.

D'après www.juritravail.com
(d'après le guide CNIL : *Le recrutement et la gestion du personnel*).

Annexe 3 : La protection des données personnelles lors du recrutement

Protection des données personnelles (Loi n° 78-17 du 6 janvier 1978 relative à l'informatique, aux fichiers et aux libertés)

Les candidats à l'emploi disposent d'un droit d'accès et de rectification des données qui les concernent et d'un droit d'opposition à ce que leurs données figurent dans un fichier. Le responsable du fichier doit permettre aux personnes concernées par les informations qu'il détient d'exercer pleinement leurs droits par une mention d'information.

La Commission nationale de l'informatique et des libertés (CNIL) veille au respect de ces principes.

Utilisation des réseaux sociaux

Il existe un risque spécifique lié à l'utilisation des réseaux sociaux. Les réseaux sociaux professionnels, outils dédiés au recrutement, sont encore rarement utilisés pour les emplois peu ou non qualifiés. En pratique, ce sont souvent les réseaux sociaux personnels qui sont consultés par les recruteurs avec un risque amplifié d'accès aux données personnelles, sans que les candidats aient anticipé que ces données puissent être utilisées lors d'une procédure de recrutement. Le recours aux réseaux sociaux personnels crée un risque élevé de sélection biaisée, lié aux préjugés du recruteur.

Le défenseur des droits,
Recruter avec des outils numériques sans discriminer.

Annexe 4 : Le règlement européen sur la protection des données

Depuis l'entrée en vigueur le 25 mai 2018 du règlement européen sur la protection des données, les entreprises ne peuvent plus conserver certains types de données personnelles. Ainsi, par exemple, les données des candidats qui n'auront pas été retenus devront être supprimées rapidement après la clôture du recrutement, sauf si le candidat a donné son consentement de manière explicite.

D'après www.journaldunet.com, 30 novembre 2017.

Le point de droit abordé ici est l'utilisation des TIC par l'employeur lors du recrutement des salariés, ce point fait partie du thème 4 du programme de droit de BTS : L'immatériel dans les relations économiques.

Dans l'exemple ci-dessus, les quatre annexes contribuent à répondre au questionnement. Mais dans un sujet complet d'examen, vous devrez rapidement déterminer quelle(s) annexe(s) est (ou sont) à mettre en relation avec le questionnement. Vous ignorerez provisoirement les autres annexes qui correspondent aux autres parties du sujet (analyse d'une situation juridique).

Les annexes vous fournissent des éléments pour rédiger votre note. Mais, vous devez également faire appel à votre connaissance du cours.

2. L'INTRODUCTION ET L'ÉLABORATION DU PLAN

Rédiger une introduction est vivement conseillé, même si celle-ci n'est pas obligatoire. Dans cette introduction, vous :
- rédigerez une accroche pour exposer la demande de l'employeur,
- rappellerez et définirez les termes principaux du sujet,
- soulignerez l'intérêt à traiter le sujet posé,
- annoncerez le plan de votre note.

Vous pouvez utiliser un plan en deux ou trois parties. Ce plan est fréquemment suggéré par l'énoncé du sujet. C'est le cas dans l'exemple de questionnement proposé ici ; les deux parties sont évidentes dans l'énoncé : les informations collectées lors du recrutement (première partie) et l'utilisation et la protection des données collectées (deuxième partie).

EXEMPLE Vous avez souhaité que je rédige une note sur l'utilisation des TIC lors du recrutement des salariés. En effet, avec le développement des TIC, dans le cadre du recrutement des salariés, les employeurs utilisent de plus en plus de moyens informatiques qui enregistrent un grand nombre de données personnelles.
Ces enregistrements peuvent porter atteinte aux droits et à la vie privée des salariés. Il est donc nécessaire qu'ils soient contrôlés.
Dans une première partie, nous étudierons les informations collectées lors du recrutement, puis, dans une deuxième partie, l'utilisation et la protection des données collectées.

3. LA RÉDACTION DU DÉVELOPPEMENT DE LA NOTE

Les titres des deux parties doivent être bien mis en évidence. Vous rechercherez deux ou trois arguments par partie pour bien structurer votre réflexion et répondre au questionnement posé. Le style de votre rédaction doit être impersonnel (pas de « je », mais « nous »).

Pour rédiger votre note, évitez de vous perdre dans les détails même, et surtout, si les annexes en fournissent beaucoup. Vous devez faire preuve d'un esprit de synthèse pour ne mettre en évidence que les points les plus importants.

EXEMPLE

I. LES INFORMATIONS COLLECTÉES LORS DU RECRUTEMENT

Lors du recrutement, les informations demandées au candidat, sous quelque forme que ce soit, ne peuvent avoir pour finalité que d'apprécier sa capacité à occuper l'emploi proposé ou ses aptitudes professionnelles : formation, qualification et expérience professionnelle.
En aucun cas, le recruteur ne pourra demander au candidat des informations relatives à sa famille, ses opinions politiques, religieuses, son appartenance syndicale…
Lorsque le candidat est embauché par l'entreprise, celle-ci peut collecter des données complémentaires concernant la gestion administrative du personnel (détention du permis de conduire, par exemple), l'organisation du travail ou encore l'action sociale.
« Le candidat à un emploi est expressément informé, préalablement à leur mise en œuvre, des méthodes et techniques d'aide au recrutement utilisées à son égard. Les résultats obtenus sont confidentiels. Les méthodes et techniques d'aide au recrutement ou d'évaluation des candidats à un emploi doivent être pertinentes au regard de la finalité poursuivie » (article L. 1221-8 du Code du travail).

Le système de traitement automatisé des données doit être déclaré à la Commission nationale informatique et libertés (CNIL), sauf si l'entreprise a désigné un correspondant informatique et liberté (CIL). À défaut, il ne pourra être opposé aux salariés.
Préalablement au traitement informatique des données, l'entreprise doit informer le comité social et économique (CSE).
L'entreprise doit également informer les personnes dont les données vont être recueillies :
- de l'identité du responsable du fichier ;
- de l'objectif poursuivi par le traitement ;
- du caractère obligatoire ou facultatif des informations demandées ;
- des destinataires des informations ;
- des conditions d'exercice de leurs droits d'accès, de rectification et d'accès.

Aucune information concernant un candidat ou un salarié ne peut être collectée dans un dispositif qui n'a pas été préalablement porté à sa connaissance (articles L. 1222-3 et L. 1222-4 du Code du travail).
Enfin, si l'entreprise peut diffuser des offres d'emploi sur les réseaux sociaux, elle ne peut collecter sur ces réseaux des informations concernant la vie privée des candidats à l'embauche.

II. L'UTILISATION ET LA PROTECTION DES DONNÉES COLLECTÉES

Les données qui sont collectées par l'entreprise doivent être protégées. S'agissant de données relatives à la vie privée (situation familiale, nationalité, adresse, numéro de téléphone, etc.), leur accès doit être limité.
Seules les personnes qui en ont la nécessité, en raison de leurs fonctions (service ressources humaines, employeur, par exemple), doivent pouvoir accéder au système informatique contenant ces informations : c'est le cas des personnes qui interviennent dans le processus de recrutement, dans la gestion du personnel… L'accès aux données peut, par exemple, être protégé par un mot de passe et un identifiant, ce qui permet d'authentifier l'utilisateur.
Les candidats à l'emploi disposent d'un droit d'accès et de rectification des données qui les concernent et d'un droit d'opposition à ce que leurs données figurent dans un fichier.
Le responsable du fichier doit permettre aux personnes concernées par les informations qu'il détient d'exercer pleinement leurs droits par une mention d'information.
La Commission nationale de l'informatique et des libertés (CNIL) veille au respect de ces principes.
Les données des candidats qui n'ont pas été retenues doivent être supprimées rapidement sur le système informatique de l'entreprise après la clôture du recrutement, sauf si le candidat a donné son consentement de manière explicite pour qu'elles soient conservées. Les documents fournis par ces candidats (lettre de motivation, curriculum vitae, attestations de diplômes…) doivent également leur être restitués très rapidement.

4. LA CONCLUSION

Une conclusion n'est pas exigée. Mais vous pouvez rédiger une brève conclusion qui reprendra de manière synthétique les principaux points développés dans votre note pour répondre au questionnement posé.

EXEMPLE Le législateur est donc intervenu pour protéger les droits du candidat à un emploi dans une entreprise face au développement de l'utilisation des TIC dans les procédures de recrutement. Le règlement européen sur la protection des données, entré en vigueur le 25 mai 2018, renforce encore ces droits.

FICHE MÉTHODOLOGIQUE 4

ANALYSER ET EXPLOITER UNE DÉCISION DE JUSTICE

Il ne vous sera pas demandé à l'épreuve de droit du BTS d'analyser une décision de justice, mais de l'exploiter pour formuler la règle de droit que les juges appliquent à une situation particulière que vous avez à étudier. Pour cela, vous devez vous exercer à lire et à analyser des décisions de justice (jugements, arrêts) pour en extraire rapidement la ou les règles de droit applicables à un cas donné.

Il faut tout d'abord identifier :
- la juridiction qui statue :
  - un tribunal (lequel ?),
  - une cour (cour d'appel ou Cour de cassation ?) ;
- les parties au procès (qualifier juridiquement les parties) :
  - **demandeur :** celui qui intente l'action,
  - **défendeur :** celui contre qui l'action est intentée.

À ce stade, vous indiquerez les noms du demandeur et du défendeur dans le jugement ou l'arrêt (cour d'appel ou Cour de cassation) que vous avez à analyser. Devant la cour d'appel, le demandeur et le défendeur sont appelés « appelant » et « intimé ».

Pour pouvoir analyser un jugement ou un arrêt, il faut tout d'abord bien le comprendre. Pour cela, il faut retrouver le plan suivi par le juge dans la rédaction du jugement ou de l'arrêt.

Enfin, de manière générale, il est souhaitable de suivre le plan suivant.

1. QUALIFIER JURIDIQUEMENT LES FAITS

C'est-à-dire résumer les faits en utilisant le vocabulaire juridique le plus exact et le plus précis (exemple : Mme X. a été blessée ➔ Mme X. a subi des dommages corporels). Il faut résumer les faits antérieurs au litige, faits dont celui-ci est né, c'est-à-dire ce qui s'est passé avant que commence la procédure devant les tribunaux.

2. LA PROCÉDURE ANTÉRIEURE

La procédure préalable : elle peut être utilement représentée sous forme d'un tableau ou d'un schéma.

• ***Première solution : un tableau***

JURIDICTION	DEMANDEUR	DÉFENDEUR	SOLUTION

• *Seconde solution : un schéma*

Exemple

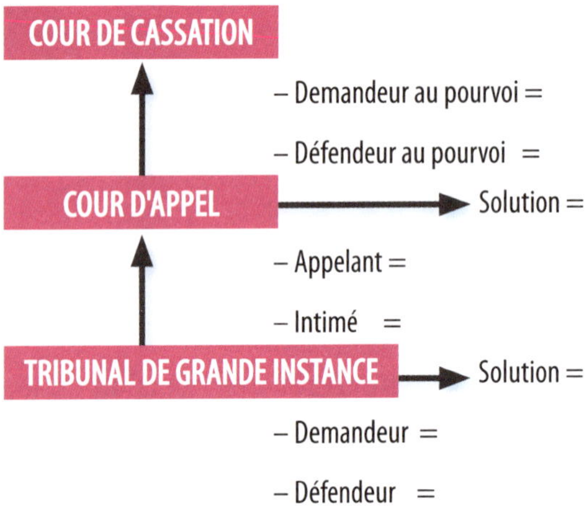

• Selon les cas, le tableau ou le schéma sera mieux adapté. Il ne sera pas toujours possible de remplir toutes les cases du tableau lorsque le texte de l'arrêt est imprécis sur certains points. Quand vous ne pouvez préciser un point, n'inventez rien !

• Il est fréquent que le demandeur change avec le degré de juridiction. Il est souvent possible de connaître la position du tribunal de première instance, lorsque l'arrêt de la Cour de cassation parle, à propos de l'arrêt de la cour d'appel, d' « arrêt **confirmatif** » ou « **infirmatif** » attaqué. Un arrêt **confirmatif** d'une cour d'appel va **dans le même sens que la décision du tribunal de première instance** ; un arrêt **infirmatif** adopte une **position opposée**.

• Il est évident que, si vous avez à étudier un jugement rendu en première instance, il est inutile de tenter de décrire la procédure préalable…

3. LES PRÉTENTIONS ET LES MOYENS DES PARTIES

– Les prétentions des parties : ce qu'elles demandent.

– Les moyens des parties : leurs arguments juridiques.

4. LES PROBLÈMES JURIDIQUES POSÉS

Question de droit à laquelle doit répondre le tribunal ou la cour. Pour déterminer plus aisément le ou les problèmes juridiques, nous vous conseillons de partir de la ou des solutions du tribunal ou de la cour et de raisonner *a contrario*, c'est-à-dire de transformer la solution en une question.

Par exemple, les juges prononcent la nullité d'un contrat. Le problème juridique à formuler est le suivant : Le contrat passé était-il valable ou nul ?

Vous contrôlerez ensuite si la ou les solutions constituent bien la réponse aux problèmes juridiques que vous avez formulés.

5. LA SOLUTION DU TRIBUNAL OU DE LA COUR (OU DISPOSITIF)

6. LES MOTIFS DU TRIBUNAL OU DE LA COUR

Arguments juridiques sur lesquels les juges appuient leur décision. Les motifs de la Cour de cassation sont, en général, introduits par l'expression : « Mais attendu que… ».

*Ne pas confondre **défendeur** et **défenseur** (= avocat) !*

L'ANALYSE D'UN ARRÊT CONSTITUE UN EXCELLENT EXERCICE D'ENTRAÎNEMENT À LA QUALIFICATION JURIDIQUE

L'argument juridique d'une des parties à l'appui de ses prétentions consiste le plus souvent à contester ou à revendiquer une certaine qualification juridique des faits afin d'obtenir l'application de la règle de droit qui lui est favorable. Par ailleurs, le juge suit un syllogisme juridique (majeure/mineure/conclusion) pour prendre sa décision (voir fiche méthodologique 1).

VEILLEZ À EMPLOYER LE VOCABULAIRE EXACT !

- L'appelant (ou demandeur) devant la cour d'appel « interjette appel » de la décision de la juridiction de première instance, celle qui a rendu le « jugement en premier ressort ».
- Devant la Cour de cassation, le demandeur « se pourvoit en cassation » ou « forme un pourvoi en cassation ».
- Le tribunal « déboute » le demandeur ou « reçoit sa demande ».
- La cour d'appel « confirme » le jugement précédent (donne raison aux juges du premier degré) ou « infirme » ce jugement.
- La Cour de cassation « rejette le pourvoi » (c'est-à-dire donne raison à la cour d'appel ou à la juridiction du premier degré si l'appel n'était pas possible) ou « casse » la décision de la cour d'appel ou de la juridiction du premier degré.

CRÉDIT PHOTOGRAPHIQUE

Couverture : Bowden/Thinkstock – p. 5 : Lecarpentier/Réa – p. 27 : Jackson/Thinkstock – p. 58 : Diaz/Thinkstock – p. 71 : Bowden/Thinkstock – p. 74 : Fornasar/Thinkstock – p. 76 : Vasilenko/Thinkstock – p. 85 : Kalinovsky/Thinkstock – p. 97 : RGA/Réa – p. 106 : Sneksy/Thinkstock – p. 126 : Jarcosa/Thinkstock – p. 127 : Kirillov/Thinkstock – p. 130 : Raths/Thinkstock – p. 137 : Karandaev/Thinkstock – p. 138 : Robbins/Thinkstock – p. 150 : Abadonian/Thinkstock.

Thinkstock : p. 6 – p. 7 – p. 19 – p. 20 – p. 21 – p. 23 – p. 25 – p. 28 – p. 34 – p. 36 – p. 37 – p. 38 – p. 39 – p. 46 – p. 47 – p. 50 – p. 55 – p. 56 – p. 57 – p. 58 – p. 59 – p. 61 – p. 62 – p. 68 – p. 70 – p. 72 – p. 73 – p. 86 – p. 88 – p. 90 – p. 91 – p. 98 – p. 99 – p. 101 – p. 102 – p. 103 – p. 105 – p. 106 – p. 113 – p. 114 – p. 116 – p. 117 – p. 123 – p. 124 – p. 125 – p. 129 – p. 137 – p. 141 – p. 147 – p. 148 – p. 149 – p. 152.

Impression & brochage SEPEC - France
Numéro d'impression : 19297180334 - Dépôt légal : avril 2018